I0169400

ENTENDIENDO
la
GRAN COMISIÓN

Reflexiones de un misionero
en torno a la Gran Comisión

Jon Nelms

Copyright © 2021
por Jon Nelms

ISBN: 978-1-7369574-5-5

Primera impresión-Abril 2021

Final Frontiers
Foundation

FINAL FRONTIERS FOUNDATION
1200 Peachtree Street - Louisville, GA 30434
800-522-4324 - www.finalfrontiers.org

Las Escrituras están tomadas de la Biblia Reina Valera.

Para pedir libros adicionales, póngase en contacto con
www.TheGreatOmission.com

Impreso y encuadernado en los Estados Unidos

Dedicatoria

DEDICO ESTA obra a todos aquellos que han estado conmigo en mis pruebas y errores, que me han ayudado a aprender de las misiones y a enseñarlas a los demás. Son mi inspiración, mi estímulo y, en muchos sentidos, son mis mentores, tomando los escombros que he dejado a su cuidado y convirtiéndolos en una fortaleza.

Mi hijo, Daniel Nelms, y su esposa, Nolvia.

Mi hija, Sara Horne, y su marido, Michael.

A mi esposa Juanita que estuvo a mi lado desde el principio hasta que pasó a la Gloria en 2006.

Y a mi esposa Nolin, que siempre está a mi lado donde quiera que vaya, hasta que finalmente me vaya a Casa.

CONTENIDO

Prefacio

El propósito de este libro es fomentar tus pensamientos sobre los temas de los misioneros y las misiones.

Quiero que se detengan, como en una galería de arte, y piensen en lo que ven. ¿Qué es lo que los trazos del pincel del artista intentan captar, enfatizar o incluso descalificar? ¿El cuadro es comprensible o confuso? ¿Es un cuadro que inspira o que cansa?

Piensa en el cuadro de Leutze Wall sobre Washington cruzando el río Delaware. Probablemente tu primera mirada se fijará en la expresión estoica del rostro de Washington. Con un estudio más detallado, es posible que veas que el cielo se despeja en la orilla oriental mientras la tormenta arrecia en la occidental. ¿Te has fijado en el escocés que utiliza su remo para apartar los trozos de hielo del puerto del barco? ¿Y el colonizador detrás de él y el esclavo liberado a su derecha? ¿Te has fijado en su lucha por impulsar la barca a través de las aguas, en el viento que les agrieta la cara o en las decenas de personas que esperan en el fondo? Nosotros conocemos sus sufrimientos y la victoria que obtuvieron, pero no sabemos lo que se sentía al estar allí, porque no estábamos allí.

De la misma manera, nuestro Señor ha pintado un encargo para que lo cumplamos. Un simple vistazo no revelará todo lo que se ha hecho, se hace y se debe hacer para cruzar el río. No basta con subirse a la barca con nuestro Comandante; tenemos que llegar a la otra orilla, cumpliendo lo que Él nos encargó. Sabemos cómo otros han sufrido, soportado y conquistado, pero a menos que nos subamos a la barca con ellos, nunca sabremos lo que se siente. Algún día en la eternidad, podremos disfrutar de un cuadro de Su Comisión en un museo celestial. Cuando llegue ese día, ¿mirarás con asombro, diciendo: "Mira lo que hicieron por Él", o proclamarás con gloria: "¡Mira lo que hicimos por Él!".

Por ejemplo, hace unos años, mi hijo Daniel realizó una búsqueda en Internet para ver qué busca la gente cuando "googlea" el término misiones o misionero. La entrada número uno era "¿Qué es un misionero?".

Hubiera pensado que la respuesta a esa pregunta era de sentido común, pero me equivoqué. Paralelamente al descubrimiento de esta información, estábamos empezando a producir un podcast para nuestro ministerio. Así, pues, decidí hacer un segmento de dos minutos al final de cada emisión para responder a esas preguntas.

Después de desarrollar 54 temas sobre el tema, los dividí en categorías y los compilé en un libro, añadiendo algunas preguntas o consideraciones al final de cada uno, que llamo "**Puntos para Reflexionar**". Posteriormente titulé cada breve capítulo con una explicación del tema tratado y con el número de episodio por si quieres visitar nuestro podcast y escuchar la entrega.

Quiero hacerles reflexionar y ver si, juntos, podemos resolver estas cuestiones.

- ¿Qué es un misionero?

- ¿Dónde va?

- ¿Qué hace?

- ¿Cómo vive?

- ¿Cómo se forma?

- ¿Cómo forma a otros?

- ¿Cuál es su objetivo?

En mis dos libros anteriores, trato estas cuestiones con gran detalle. Mi intención para éste es que sea una lectura fácil, casi en formato de "devocional" -no uno para cada día, sino tal vez una vez a la semana-. Mi meta es ayudarte a dirigir tu atención (o la de tu familia o tu clase de escuela dominical) al tema de las misiones durante unos cinco minutos. Espero haber logrado mi propósito de hacer que cada tema sea interesante por ser

- Educativo

- Informativo

- Inspirador

- Motivador

Espero que sean bendecidos al leer lo que he aprendido de las Escrituras y experimentado en más de tres décadas de trabajo misionero. Sus sugerencias, observaciones y preguntas son apreciadas y me proporcionarán más alimento para la reflexión. Por favor, envíenlas por correo electrónico a jnelms@finalfrontiers.org

P.D. Sí, sé que solo hay 52 semanas en un año, no 54. Ahora que estoy experimentando "momentos de madurez" y a veces me olvido de lo que he leído, he añadido algunos extras, por si los necesitas.

Malentendidos en torno a la Gran Comisión

La Gran Comisión es un sustantivo y un verbo

La Gran Comisión es tanto un sustantivo como un verbo. A pesar de que puedes argumentar que esto puede no ser técnicamente correcto, creo que entenderás a dónde quiero llegar con esta afirmación.

¿Qué tienen en común los siguientes términos: el Maratón de Boston, la Compra de Luisiana y la Segunda Guerra Mundial?

Los tres se reconocen como sustantivos con un adjetivo precedente, pero yo digo que también son *verbos*: palabras de acción precedidas por un adverbio que responde a cómo, cuándo, dónde, por qué o en qué medida. Las palabras *maratón, compra* y *guerra* también pueden ser sustantivos y verbos, dependiendo de su uso y contexto. Lo mismo ocurre con la palabra *comisión*.

Como sustantivo con adjetivo, no es una comisión cualquiera; es la GRAN Comisión. Pero, ¿te sorprendería saber cómo los misioneros ven la palabra *comisión* como un verbo: la acción de cumplir una misión o tarea que nos ha encomendado nuestro Señor? ¿Hasta qué punto nos llama a la acción? Es su GRAN llamada a la acción. Si Él nos hubiera dicho que fuéramos por todo el mundo y vaciáramos la basura en cada nación, nuestro énfasis no estaría en la *basura* sino en *vaciarla*.

Esto es como la palabra iglesia, que significa "una asamblea convocada". Nuestro énfasis está en el sustantivo *asamblea*, y por eso incluimos la palabra en nuestras instalaciones y corporaciones. Sin embargo, si el énfasis fuera que somos *llamados* física y espiritualmente, entonces "iglesia" es un verbo. Tú decides. ¿Somos llamados a reunirnos, o nos reunimos porque somos llamados? ¿O ambas cosas?

Por si fuera poco, la palabra *pastor* es a la vez un sustantivo y un verbo. Un hombre es *pastor* (sustantivo) porque *pastorea* (verbo) a la congregación. Y a veces las iglesias se dividen porque a la gente no le gusta la forma en que el pastor (sustantivo) *pastorea* (verbo).

Quizás si viéramos nuestras congregaciones menos como un sustantivo y más como un verbo, entonces la *iglesia* no sería simplemente un lugar al que se va (sustantivo-una asamblea) sino algo que se hace, es decir, se *reúne* (un verbo).

Asimismo, sería útil una visión diferente de las "misiones". Si nosotros, los llamados y reunidos, entendiéramos que las misiones no son un proyecto a destacar por una conferencia anual, sino el propósito mismo de ser llamados, sin duda estaríamos más dedicados.

Puntos para reflexionar

- La palabra *cristiano* (un sustantivo) surgió como un término utilizado para describir a los que en Antioquía, en la iglesia de Pablo, *vivían como Cristo* (una acción). ¿De qué manera eran semejantes a Cristo?

- ¿Cómo demuestras tú que eres como Cristo?

- ¿Qué atributos de tu estilo de vida podrían cambiarse para hacerte más como Cristo?

La Gran Comisión se trata de alcanzar naciones, no países

Cuando era un niño, escuchábamos historias sobre las naciones Cherokee y Apache. Yo pensaba que las palabras *nación* y *país* eran siempre sinónimos, pero estaba equivocado.

Un *país* es "un área geográfica y política con un gobierno, un sistema monetario, una bandera, leyes únicas, etc.". Se trata de un territorio unificado con fronteras establecidas.

Una *nación* es "un 'grupo de personas' único, con un ADN y una cultura comunes", que aunque son similares, se distinguen de cualquier otro grupo de personas del planeta.

Poco después de la Segunda Guerra Mundial, los teólogos se apresuraron a anunciar que la Gran Comisión se había cumplido finalmente. Creían que los soldados cristianos habían visitado todas las naciones no alcanzadas del mundo al final de la guerra, proclamando el evangelio a su paso. Entonces algunos empezaron a darse cuenta de que nuestra comprensión del versículo era incorrecta. La Gran Comisión no nos obliga a evangelizar regiones geopolíticas sino grupos étnicos. El trabajo no se completó ni entonces ni ahora, ya que se sabe que todavía existen al menos 6.000 grupos étnicos no alcanzados en todo el mundo.

La palabra griega utilizada en la Gran Comisión para "nación" es *ethnos*, la palabra de la que deriva nuestro término moderno, *grupos étnicos*. Los escoceses, por ejemplo, son un grupo étnico. Sin embargo, la redacción utilizada para describir el coro del cielo en

Apocalipsis 7:9 enfatizaría la evangelización no solo de Escocia como país o de los escoceses como raza, sino también de cada clan (o familia) separado de los escoceses. Por consiguiente, debemos alcanzar incluso a los MacAllister, los MacDonalds y los MacLeod.

La *etnia* cherokee ("pueblo, nación") que habitaba desde hace tiempo en el este de Estados Unidos fue trasladada por la fuerza a Oklahoma, pero no dejó de ser cherokee. Los apaches fueron trasladados a México, Oklahoma y Florida, pero seguían siendo apaches. Puedes cambiar de país y asimilarte con éxito a una cultura diferente: en eso consiste la inmigración. No puedes cambiar tu ADN, y de *eso* se trata la Gran Comisión.

Puntos para reflexionar

- ¿Sabes qué etnia compone tu familia?

- ¿Tu etnia, como un todo, ha sido expuesta al evangelio?

- ¿Viven cerca otros miembros de tu etnia?

- ¿Cómo puedes influir en ellos para Cristo?

La Gran Comisión y la diáspora

Dado que la Gran Comisión trata de llegar a todo el mundo, ¿por qué hablamos de enviar a otros en lugar de ir nosotros? Considera especialmente otros versículos que enfatizan adecuadamente el aspecto del "envío".

Algunos dicen que Cristo estaba hablando proféticamente sobre el futuro saqueo de Jerusalén. Dicho de otro modo, creen que les estaba diciendo que en ese día, dentro de unos treinta años, cuando se dispersen mientras huyen de la destrucción de las fuerzas romanas, deben asegurarse de ir a todas partes. Dudo de esa interpretación, y también lo hicieron Pablo, Bernabé, Silas y muchos otros. Al fin y al cabo, les dijo que se retrasaran, no durante treinta años, sino hasta la llegada del Espíritu Santo, cincuenta días después.

La verdad es que Cristo les dio a sus devotos seguidores judíos una tarea que no obedecieron. Algunos dicen que los judíos necesitaban ser dispersados antes de que los discípulos pudieran extenderse para alcanzarlos. Esa suposición no es cierta, ya que ya habían sido dispersados durante mil años.

En el año 562 a.C., los judíos que vivían en Cochin, India, establecieron un puesto comercial allí. Se habían establecido allí durante el reinado de Salomón para traficar con madera de teca, marfil, especias y pavos reales. En el 700 a.C., Senaquerib se apoderó de unos 200.000 judíos, trasladándolos por la fuerza al sur de Turquía y al norte de Irak, y en el 600 a.C., Nabucodonosor esclavizó a decenas de miles, llevándolos a Irak y Persia (Irán). En el 200 a.C., viajaban por la Ruta de la Seda y comerciaban con la dinastía Han en China. Una década antes del gobierno de Julio César, el gobernador Lucio Valerio Flaco declaró que la población judía de Asia Menor contaba con al menos 180.000 personas. En el año 27 a.C., más de 8.000 judíos vivían en Roma y, según algunos historiadores, su número representaba hasta el diez por ciento de la población de la ciudad. Por último, Filón, que vivía entonces en Alejandría, escribió que en Egipto vivían más de un millón de judíos, una octava parte de la población.

Todos aquellos que comprendieron que el encargo de Cristo merecía y requería su inmediata y plena atención decidieron no esperar, sino proceder lo mejor posible, cumpliendo con la tarea y confiando en que Dios haría lo mejor de sus labores. El fruto que queda que produjeron nos incluye a ti y a mí. Los demás se incorporaron más tarde, pero el viejo dicho "más vale tarde que nunca" se aplica tanto a ellos como a nosotros.

Puntos para reflexionar

- El término *diáspora* no define una dispersión concreta de los judíos (70 d.C.), sino todas y cada una de las dispersiones, incluido el traslado de la familia de Jacob a Egipto y el de Moisés a Canaán.

- ¿De qué diásporas modernas (es decir, de refugiados) has sido testigo? ¿Cómo han influido las diásporas del pasado en tu comunidad?

- ¿Sabías que cuando la gente llega a su nueva patria, es más aceptable que escuche las "buenas nuevas" de Jesucristo de un ciudadano amigo? ¿Cómo puedes compartir el evangelio con ellos?

La Gran Comisión repetida

¿Se dio la Gran Comisión solo una vez? En Marcos 16:7, mientras todavía estaba en el área de la tumba en el jardín, Jesús instruyó a María para que dijera a los discípulos que se reunieran con Él en un lugar designado *en* Galilea. Y Mateo 28:16-18 registra que la proclamación tuvo lugar en la cima de una montaña, en Galilea. Pero Lucas 24:50 nos dice que pasó sus últimas horas con sus discípulos en Jerusalén, luego caminó con ellos hasta Betania y desde allí ascendió. Sus últimas palabras, que llamamos la Gran Comisión, fueron sus palabras de despedida.

Cuando envió a los discípulos a evangelizar, es posible que repitiera a menudo la orden para animar y envalentonar, mientras les recordaba el propósito de su envío. Más allá de las referencias ya mencionadas, el sentido común sugeriría que si esta comisión fue lo suficientemente importante como para ser sus últimas palabras, fue lo suficientemente importante como para haber sido pronunciada muchas veces, y no escondida en un lugar secreto de su corazón para ser reservada como una orden única de despedida. Después de todo, ¿cuántas veces le dices a tu esposa que la amas? Espero que a menudo, porque si esas palabras se reservan como tus últimas palabras, ¡entonces puede que las digas antes de lo que piensas!

Lo que Cristo dijo es más importante que dónde lo dijo, cuándo lo dijo o cuántas veces lo dijo. En una docena de palabras, Él comparte ocho detalles específicos:

1. Quién es el remitente: Él mismo, no una junta, una iglesia o una denominación
2. De quién es la autoridad con la que envía: de Su Padre.
3. Con qué poder está enviando: todo el poder que le fue dado en la totalidad de Su creación
4. A quién envía: a nosotros
5. A dónde nos envía: al mundo entero
6. A qué nos envía: a predicar el Evangelio
7. Quién nos acompañará: Él y su Espíritu Santo
8. Y, finalmente, hasta cuándo nos acompañará: hasta el fin de la tierra.

Ningún plan de negocios o de batalla concebido por el hombre ha sido tan amplio y, al mismo tiempo, tan conciso. En cambio, ningún otro mandato de Dios, existente desde hace más de dos mil años, queda aún por cumplir. La vergüenza no es suya; es nuestra. Pongamos manos a la obra y obedezcamos.

Puntos para reflexionar

- Si no lo obedecemos, ¿importa cuántas veces o en cuántos lugares haya repetido Cristo este mandamiento?

- En tu vida, con tu tiempo, talentos y medios económicos, ¿qué has hecho para ayudar a cumplir su mandato? ¿Qué más o qué más podrías hacer?

- Si un observador estudiara tu vida y tus acciones, ¿supondría que consideras las palabras de Cristo como una *Gran Comisión* que obedeces o como una *Mediocre Sugerencia* que ignoras?

Alimentar a los 5000 y la Gran Comisión

Jesús predicó una vez a una asamblea al aire libre de 5.000 hombres más las mujeres y los niños. Si 5.000 hombres perdieron su salario por abandonar su trabajo durante todo un día, uno solo puede imaginar cómo debió aumentar la multitud con la adición de las mujeres, los niños y los sirvientes confinados en casa.

Después de enseñar durante horas, nuestro Señor se detuvo para alimentar a la multitud. Como su equipo no había traído comida, buscaron lo que había disponible. Encontraron a un niño cuya madre le había dado cinco trozos de lo que probablemente era un pan plano y dos pescados pequeños, probablemente asados o a la parrilla.

Jesús multiplicó el almuerzo de ese niño, proporcionando lo suficiente para que todos comieran y luego dijo a sus discípulos que repartieran la comida. Imagínate el tiempo que llevaría esa tarea y lo repetitivamente tediosa que habría sido para los discípulos. Pero, ¿y si los discípulos hubieran entendido mal su orden, pensando que la intención de nuestro Señor era simplemente repartir la comida en lugar de proporcionar porciones para TODOS los presentes? ¿Y si los discípulos hubieran repartido lógicamente las primeras porciones a los que estaban sentados más cerca del Señor, y luego hubieran recogido más y vuelto a dar comida a las mismas personas una y otra vez hasta que se acabara todo? Los afortunados de la parte delantera se habrían mostrado glotones, comiendo más de lo que necesitaban y acaparando lo que no necesitaban. La incomprensión les habría permitido abrir sus propias panaderías y restaurantes de pescado con el excedente que habían recibido. En cambio, otros miles se habrían ido con hambre y con las manos vacías. Así que vemos que entender la intención del Señor era vital para cumplir su propósito.

Hablando de intención y propósito... ¿sabías que de cada 100 dólares que se dan a las iglesias en Estados Unidos, solo un dólar va a las misiones? Consumimos los $99 en nosotros mismos, y luego, acaparando la abundancia, oramos con las manos arriba, no afuera, pidiendo más. Nos apropiamos de la abundancia que Dios destinó a los demás y la consumimos en nuestros propios deseos. ¿Y qué pasa con el dólar que se destina a las misiones? Increíblemente, 90¢ de ese $1 se usa para apoyar a los misioneros que sirven en áreas ya saturadas del evangelio. Solo 10¢ de cada $100 van para ayudar a dar el Pan de Vida a aquellos que nunca han escuchado Su nombre. Cuando Cristo nos dio la Gran Comisión, no tenía en mente llevar el evangelio solo a la primera fila de Palestina, sino a todo el mundo, incluso a los que están sentados atrás.

Puntos para reflexionar

- Considerando que aún no hemos obedecido Su mandato, ¿supones que las primeras filas pueden tener sobrepeso con el consumo del evangelio mientras otros mueren de hambre sin él?

- ¿Qué puedes hacer para llevar el Pan de Vida a aquellos que solo lo ven de lejos pero tienen hambre de probarlo?

- Aunque hoy en día algunos no están de acuerdo con utilizar la comida, la sanidad, etc., como herramienta para presentar el evangelio de una manera acogedora, Jesús lo hizo todo el tiempo. ¿Se equivocó? ¿Cómo influyen sus acciones en tu visión de la ayuda y la predicación?

En la Gran Comisión, enfatizamos el ir y el enviar - no la predicación

Todos somos entusiastas de la Gran Comisión, razón por la cual nuestras iglesias tienen conferencias misioneras y dan tan generosamente para la causa. Pero, a veces, podemos olvidar el propósito detrás de nuestra comisión. Muchos están ansiosos por ir y otros por enviar, pero la comisión es más que simplemente ir o enviar.

Cuando planeas unas vacaciones a Disney World, ¿qué es lo que más te interesa a ti y a tu familia? ¿Es la reserva de los fondos necesarios, la aventura del viaje o la llegada al parque? Se podría argumentar que toda la planificación y preparación es necesaria para el proceso. Pero en lo que tú y los niños están pensando realmente es en Magic Kingdom, Space Mountain, Piratas del Caribe, Thunder Mountain y las demás atracciones; e incluso, si eres como yo, en todos los restaurantes temáticos de Epcot Center.

En el caso de las misiones, el ir y el enviar, aunque son necesarios, son el preludio de lo que es el mayor de los encargos. He visto a muchos misioneros luchar durante años para llegar al campo. Como resultado, parece ser un hito en su viaje que cuando bajan del avión, declaran "misión cumplida". Esto no funcionó para el presidente Bush, y tampoco funciona para nosotros. El simple hecho de llegar al campo no debería ser el objetivo; más bien, es solo el primer paso de un viaje que dura toda la vida.

Cada paso que damos en la aventura de nuestra misión es necesario. Hay un propósito para la diputación, y un propósito para el ir y el enviar; sin embargo, no es simplemente para llevarnos allí. Los pasos que se dan son para permitirnos, una vez que estemos allí, predicar el evangelio de Jesucristo, discipular a los convertidos, plantar iglesias y formar pastores que hagan lo mismo.

Todos estamos en el mismo equipo, y cada miembro del equipo tiene un papel específico que desempeñar, incluso el aguador y las animadoras. Todos tenemos el mismo propósito y objetivo. Ese objetivo no es llegar al estadio, no es llevar un uniforme o impresionar a los aficionados, y no es jugar con todas nuestras fuerzas. El objetivo final es ganar. Recordemos de qué se trata la Gran Comisión... y hagamos el trabajo.

Puntos para reflexionar

- A menudo vemos a un misionero que finalmente llega al campo como el "fin de los medios" en lugar de como "un medio para el fin". ¿Cómo lo ves tú?

- Dado que debemos "predicar el evangelio", ¿debemos apoyar a los misioneros que no se dedican a la predicación? ¿No sería mejor apoyarlos como ministros haciendo ministerio en lugar de como misioneros plantando iglesias?

- ¿Cómo podemos ser más efectivos como enviadores y ser más entusiastas como asistentes?

¿Una iglesia es un edificio o una congregación?

Nuestro ministerio de apoyo a los plantadores de iglesias nacionales es bastante eficaz. Algunos consideran asombroso el número de conversiones y de nuevas iglesias plantadas. En cambio, otros los tachan de increíbles. Creo que la razón principal es que no entienden lo que es una iglesia.

En nuestra cultura americana, cuando oímos el término "iglesia", pensamos en un edificio. (Vamos, admítelo.) Sabemos que no es técnicamente correcto, pero esa imagen se ha arraigado tanto en nosotros que incluso nos referimos al edificio como la "iglesia" o la "Casa de Dios". Sabemos muy bien que la iglesia no es el edificio, sino nuestros cuerpos que son los templos de Dios. No pensamos en la iglesia como adoradores, sino como un "lugar de culto" con una propiedad, un bautisterio, bancos, un púlpito, un coro (túnicas opcionales), cancioneros, e incluso un estacionamiento, letrero, oficinas y un salón de confraternidad con una cocina completa.

Una iglesia no es un lugar ni una instalación; es una congregación. En Final Frontiers, definimos una *iglesia* como "un grupo de creyentes recién salvados y bautizados que se reúnen regularmente para el culto, bajo el liderazgo de un pastor". En la Biblia se habla de estas congregaciones que se reúnen en los hogares como "iglesias". En cada epístola, tienen

1. un lugar para reunirse: la casa de alguien
2. un pastor o varios de ellos

3. un pueblo-una congregación de creyentes recién salvados y bautizados

Algunas iglesias, como la de Corinto, incluso tenían participantes reincidentes y no salvos que se reunían con ellas y, a veces, las dirigían. En la iglesia a la que se refiere el capítulo III de Juan había un pastor codicioso e impío que se negaba a permitir que la congregación ayudara a los misioneros y expulsaba a los miembros que lo hacían de todos modos. No hay iglesia perfecta porque ninguna persona es perfecta, aunque su edificio lo sea.

Típicamente, nuestras "iglesias" comienzan en una casa, en un porche delantero, o bajo un árbol. Con el tiempo, adquieren los adornos de lo que en Estados Unidos llamamos iglesias, pero en su mayor parte, gastan sus diezmos en mantener a sus pastores, en cuidar a los necesitados (salvos y no salvos) y en evangelizar a los perdidos. Y es por eso que estadísticamente (2020), reportan un nuevo converso cada 23 segundos, y una nueva iglesia iniciada cada 16 minutos. ¿Cómo es eso de asombroso?

Puntos para reflexionar

- Sé que lo sabes, pero honestamente, ¿no piensas a menudo en "la iglesia" como el edificio donde adoras? Yo sí.

- ¿Qué otros conceptos erróneos podemos tener y transmitir a nuestros hijos?

- ¿Podría ser más prudente hacer menos hincapié en las instalaciones (y sus costes) y más en la evangelización y la atención? ¿Cómo puedes conseguirlo en tu vida?

Más lecciones sobre la alimentación de las masas

Todos sabemos que en una ocasión Cristo alimentó a 5.000 hombres, más las mujeres y los niños (Mateo 14), y en otra ocasión se alimentó a 4.000 hombres, más las mujeres y los niños (Marcos 8).

Nuestro Señor podría haber alimentado a todos los hambrientos de la tierra si hubiera querido, pero respondió a los que le seguían. Aunque en ambas ocasiones la gente estaba buscando, no estaban hambrientos, ni siquiera cerca de ello; simplemente estaban hambrientos por no haber comido en todo el día. Es decir, en estos dos casos, el Señor no respondía a una crisis, sino a una necesidad. En cuanto a la salvación, aunque todo hombre necesita escuchar el evangelio, cuanto más se acerca una persona al final de sus días, más se convierte esa necesidad en una crisis.

También vemos en estas dos ocasiones una lección importante: si existe una necesidad, y nuestro Señor se ha tomado el tiempo de suplir esa necesidad, entonces tenemos la responsabilidad de dispersar Su provisión y satisfacer esa necesidad. De otra manera, Su provisión fue en vano. Imagina que, después de multiplicar la comida para que todos participaran, los discípulos se apartaron, contemplaron la multitud y razonaron: "Esto es demasiado trabajo para nosotros, que somos pocos. Tenemos que organizar una conferencia y traer a otros discípulos dotados para servir; después de todo, nuestros dones residen en la enseñanza y la administración." Si esa lógica hubiera guiado su decisión, la comida se habría podrido antes de que pudieran imprimir los folletos de la conferencia.

"Eso es una tontería", dirán algunos. ¿Pero lo es? ¿Sabías que los cristianos gastan más dinero en planificar, promover y asistir a las conferencias misioneras de lo que realmente dan a las misiones? Ponemos más esfuerzo en tejer las cestas que en usarlas para alimentar a los hambrientos espirituales. Cristo no nos dijo que fuéramos por todo el mundo para hacer estrategias; nos dijo que evangelizáramos.

Cristo hizo su parte reuniendo a la multitud y proporcionando la comida. Nosotros debemos hacer nuestra parte usando lo que Él ha provisto para cumplir la Gran Comisión. Y sí, algunos tienen el don de servir, pero todos deberíamos ser capaces de repartir una simple "comida feliz" evangelística a los que tienen hambre espiritual.

Puntos para reflexionar

- ¿Por qué, como humanos, esperamos una crisis para hacer lo que ya sabíamos que había que hacer?

- ¿Qué excusas ponemos para no distribuir el Pan de Vida?

- ¿Cómo podemos pasar de ser tejedores de cestas a distribuidores de alimentos?

Éxitos de la Gran Comisión

Episodios 40, 41, 45

Las iglesias chinas crecen sin misioneros

Una década antes de la Segunda Guerra Mundial, los misioneros fueron obligados a abandonar China. Se les culpaba de los pecados políticos y militares de su país y se les llamaba "demonios blancos", que solo estaban allí para corromper las mentes jóvenes y destruir las antiguas tradiciones con su introducción de un dios extranjero. Los que se iban demasiado despacio eran arrestados, torturados y martirizados. Este repentino éxodo misionero hizo que los creyentes de Europa, América y Occidente se lamentaran de que China estaría condenada espiritualmente sin los misioneros. Pero lo que no se dieron cuenta fue que, si un misionero hace su trabajo y lo hace bien, al final se volverá irrelevante de todos modos.

La filosofía misionera actual enseña que debemos elegir una ciudad, mudarnos allí, testificar cuidadosamente para no alejarnos del gobierno y ser deportados, y luego buscar creyentes que nos ayuden a comenzar una nueva iglesia. Luego debemos dar a esa congregación el 100% de nuestro tiempo como su pastor. Lo ideal es que el misionero permanezca allí durante veinte o treinta años (aunque la mayoría no dura ni cinco). Luego llama a su junta misionera para pedirles que envíen a su sustituto, y se retira. Este método moderno actual enseña a nuestros misioneros a ser pastores, no misioneros. Lo creas o no, ese es el patrón típico. Así que, como ven, no hemos cumplido la Gran Comisión porque hemos abandonado el Gran Ejemplo de cómo cumplir la comisión de Dios. Afortunadamente, los primeros misioneros a China habían seguido el patrón bíblico, haciendo lo que los misioneros debían hacer. Se duplicaron a sí mismos creando sus propios reemplazos desde dentro de las iglesias chinas en lugar de depender de los reemplazos occidentales.

En 1948, China llevaba catorce años sin misioneros y se había convertido en un país comunista, con menos de un millón de cristianos. Casi cuatro décadas después, cuando cayó el Telón de Bambú, los ministerios occidentales comenzaron a regresar. Su consenso fue que durante los 40 años de ausencia de los misioneros, la iglesia china había crecido de menos de un millón a más de 125 millones de cristianos profesantes. *¡Bien hecho, fieles servidores!*

Puntos para reflexionar

- ¿Sabías que hay tantos creyentes en China?

- ¿Sabías que el aumento masivo de conversos se produjo después de la expulsión de los misioneros extranjeros? ¿A qué crees que se debe?

- Pablo dijo a sus discípulos que "enseñaran a otros" que pudieran hacer lo mismo, estableciendo un ciclo interminable. ¿Hasta qué punto fueron eficaces los primeros misioneros a la hora de seguir esa directriz, y cómo podemos animar a otros a hacer lo mismo?

- Esto es el discipulado en su forma más pura. ¿Estás discipulando a alguien, o el ciclo terminará contigo? ¿No sabes lo que puedes enseñar? Enseña todo lo que sepas a quien no lo sepa.

Hay más elefantes que cristianos

Cuando fui por primera vez a Tailandia en 1986, no había muchos cristianos. Gracias al ministerio de Adoniram Judson al otro lado de la frontera birmana, los misioneros bautistas llegaron por primera vez en 1833.

Siete años después, llegaron misioneros presbiterianos, así como un pequeño contingente de misioneros chinos. Tras ellos llegaron misioneros birmanos de la tribu Karen (se pronuncia *Careen*). Los asociados de Judson habían convertido en su mayoría a su tribu, y estaban ansiosos por compartir su nueva fe con sus primos tribales de Tailandia. Sesenta y cinco años después, en 1868, se organizó la primera iglesia de estilo occidental en la ciudad septentrional de Chiang Mai, sede de la región de las "tribus de las colinas", y un año más tarde, los dos primeros cristianos tailandeses fueron martirizados allí. Un instante después.

En 1986, el gobierno tailandés estimaba que la población cristiana era solo del 0,01%. Se jactaban abiertamente de que Tailandia tenía más elefantes que cristianos. Hasta los años 90, la mayoría de los creyentes eran tribales, excepto un porcentaje significativo de los jóvenes profesionales de la medicina, a los que los equipos médicos extranjeros habían evangelizado intensamente.

Veinticuatro años más tarde, en el censo de 2000, el 0,7% de la población total de 60 millones de personas estaba registrada como cristiana. Hoy (2020) esa cifra ha crecido hasta el 2%.

Ese porcentaje equivale a casi 1.200.000 conversos que siguen viviendo después de tres décadas. Con solo 20 misioneros bautistas independientes y relativamente pocos de otros grupos sirviendo allí, esto significa que la iglesia nacional y los predicadores nacionales y tribales se han levantado para llevar la carga de alcanzar su país. Esto es un éxito.

Aun así, el 57% de todos los cristianos de Tailandia viven en las provincias del norte (las regiones de las "tribus de las colinas"), y el 51% de todos los cristianos viven en solo tres provincias predominantemente tribales donde los discípulos bautistas de Judson comenzaron hace 185 años. En la mayoría de los países, como México, Brasil y Perú, los misioneros pasan por alto a los pueblos tribales para llegar a los ciudadanos. Tailandia, sin embargo, es un enigma, donde, por el contrario, hemos pasado por alto a los ciudadanos para alcanzar a los grupos tribales. A pesar de ello, la buena noticia es que ahora hay más cristianos en Tailandia que elefantes.

Puntos para reflexionar

- ¿Eras consciente de que Adoniram Judson había producido tanto "fruto que permaneció"?

- He pasado más de un año de mi vida en Tailandia. Durante ese tiempo, solo vi dos elefantes. Como había más elefantes que cristianos en esa época, eso significa que mientras caminaba por las calles del país, es probable que nunca me cruzara con un cristiano.

- ¿Por qué crees que los tailandeses se convierten tan lentamente y los pueblos tribales más rápidamente? La respuesta: Muchas de sus leyendas tribales son paralelas a las historias de la Biblia.

Dicen que una vez tuvieron "un libro" sobre el Creador, pero sus antepasados lo perdieron. Han estado esperando que regrese, y ahora lo ha hecho. (Lee la introducción de mi libro, *La Gran Omisión*, para saber más).

La conmoción y el pavor de Pentecostés

El "Dominio rápido" es una de las herramientas más poderosas de los militares. Normalmente, esta táctica no se emplea al final de la guerra, sino al principio. Es una oportunidad para que la ofensiva muestre su fuerza con la esperanza de lograr una rápida rendición al paralizar la capacidad del enemigo para moverse, producir armamento y reabastecer a sus tropas.

En Pentecostés, nuestro Señor sacudió a su enemigo tan severamente que Satanás quedó paralizado e incapaz de detener lo que estaba ocurriendo. Seguro que esperaba algo, ¡pero no *lo* vio venir! Cristo había partido, dejando la promesa de enviar su Espíritu para ocupar su lugar. Ahora, en lugar de que Cristo caminara al lado de unos pocos creyentes, su Espíritu vendría "al lado" de *cada* creyente, dándoles (a nosotros) el poder de hacer llover el impacto y el temor espiritual en todo el mundo.

Su arma era Su Palabra, Su poder era Su Espíritu, y Sus tropas eran Sus conversos. Ese día, cuando Su Espíritu cayó sobre Sus seguidores, se liberó un poderoso impacto y temor que continúa en todo el mundo incluso hoy.

Su Espíritu nos dio sabiduría, guía, instrucción y poder. Él nos suministra a cada uno de nosotros, no con una armadura de serie, sino con la armadura de Dios mismo, hecha a la medida de cada uno de nosotros. Cada pieza está diseñada a medida para hacernos guerreros eficaces e invencibles, ante los cuales las puertas del infierno caerán, y la infantería del infierno huirá. Ni siquiera tenemos armadura defensiva porque Dios *nunca* se retira. Cuando Pedro fue equipado con la armadura de Dios y predicó con el poder del Espíritu de Dios, la conmoción y el asombro espirituales bombardearon el infierno y la tierra, ya que hombres de múltiples naciones escucharon milagrosamente "las obras maravillosas de Dios" en sus propios idiomas.

Pentecostés fue la conmoción y el pavor en una guerra llamada la Gran Comisión. No fue el final de la guerra; fue el comienzo, y aún hoy continúa. Nosotros, en casa, tenemos que hacer nuestra parte para suministrar y reabastecer a nuestras tropas en todo el mundo, tanto a los misioneros extranjeros como a los nacionales, hasta que la guerra termine, y todos seamos dados de baja con honor.

Puntos para reflexionar

* Cuando luchamos en las batallas de nuestro Señor, solo somos una baja si elegimos serlo.

* Considera esto: si estamos usando la armadura de Dios, desde la distancia, nos parecemos a Él. ¡Qué gran temor debe infundir eso en el enemigo! Me pregunto, sin embargo, cuando nos acercamos en modo de ataque, ¿respiran de alivio o temen nuestro manejo de la poderosa espada de nuestro Señor?

* Dios quiere usarte en su ejército. ¿Te has alistado, o estás ausente sin permiso?

* ¿Has aprendido ya a manejar la espada de Su Palabra con la misma facilidad que el florete de un esgrimista? *En garde.*

¿Podemos cumplir la Gran Comisión?

Episodios 5, 12

Utilizar Internet para dar testimonio

¿Sabías que en un momento dado el 51% de las personas que se conectan a Internet se comunican en chino mandarín o en inglés? Ahora bien, quisiera preguntarte lógicamente: del 49 por ciento restante que habla otros idiomas, ¿cuántos de ellos crees que tienen el deseo o la necesidad de aprender mandarín en comparación con el aprendizaje del inglés?

En estos últimos años antes del regreso de nuestro Señor, Él ha permitido que el hombre conciba y construya una herramienta mediante la cual todos y cada uno de nosotros podemos ir literalmente a todo el mundo sin salir de nuestros hogares. Esta herramienta de la Gran Comisión es posiblemente la mayor herramienta de la Comisión; se llama Internet.

En lugar de chatear sin parar sobre temas frívolos, ¿por qué no dedicar intencionadamente unos minutos de tu vida online a buscar personas de habla inglesa con las que puedas desarrollar una relación y compartir el evangelio? Ponte a disposición en sitios como ItalkI.com, o los que se encuentran en www.myenglishteacher.eu/blog/your-top-10-language-exchange-websites-for-speaking-english-fluently

Muchos estudiantes y profesionales de los negocios están en línea ahora mismo, buscando hablantes de inglés para practicar el inglés conversacional chateando o enviando mensajes de texto. Comunicarse con ellos a diario o semanalmente le abrirá la puerta a desarrollar una amistad. Tu pastor o una buena junta misionera pueden ayudarte a encontrar un misionero en su país con el que, por recomendación tuya, puedan visitar y "practicar su inglés cara a cara". En su momento, muchos conocerán plenamente el evangelio, profesarán a Cristo y se convertirán en testigos en su tierra.

El Espíritu Santo conectó milagrosamente al evangelista Felipe con un funcionario etíope interesado en el mensaje de Cristo. El resultado fue su conversión y la difusión del evangelio por todo su país. Si Dios pudo usar a Felipe tan poderosamente en los estribos de un carro, ¡piensa cómo puede usarte a ti en el teclado de tu ordenador!

Puntos para reflexionar

* A muchas personas se les paga por dar "clases particulares" a estudiantes extranjeros en línea, y hay portales que puedes encontrar que te presentarán a organizaciones que pueden ayudarte a encontrar estudiantes que quieran practicar su inglés.

* Es probable que se pongan en contacto contigo con frecuencia extranjeros que utilizan Facebook como medio para hacer amigos en Estados Unidos. Algunos quieren estafarte, pero otros solo quieren hablar. Busca extranjeros en tu lista de "amigos" y contacta con algunos.

* Hazte amigo de alguien de tu zona que sea obviamente un extranjero con dificultades de comunicación. La mayoría solo aprenderá inglés gradualmente si se relaciona con personas de habla inglesa. Hazte amigo de uno o dos. Invítale a un café y ofrécete a tener encuentros frecuentes para hablar y que aprendan inglés. Harás un amigo al instante y puede que te

conviertas en un eterno vecino. Como mínimo, te invitarán a deliciosas comidas étnicas.

¿Qué tan difícil es terminar la Gran Comisión?

Las "iglesias" del Nuevo Testamento eran el cuerpo de Cristo en un área geográfica particular. Eran *congregaciones*, no corporaciones. Pablo escribió a las iglesias en los hogares de Filemón en Colosas y Lidia en Filipos. Sin embargo, también escribió a los reunidos en la metrópoli de Éfeso, la tercera ciudad más grande de Roma. Evidentemente, Corinto tenía dos congregaciones: la alta Corinto, situada en las colinas que miran al mar y habitada por los ricos, y la baja Corinto, situada en los muelles, donde comerciantes como Aquila y Priscila trabajaban en el segundo mercado más grande del Imperio. Algunos creen que las dos cartas a los Corintios fueron escritas individualmente a cada congregación en lugar de ser dos cartas a ambas. Eso tendría ciertamente sentido.

Pablo también escribió a las iglesias de Galacia, que no era una ciudad, sino una región en lo que hoy es Turquía. Los habitantes del norte de Galacia no eran griegos, sino galos y celtas. Sus antepasados procedían de las Islas Británicas y del norte de Europa y habían vivido allí durante tres siglos. Aunque se les consideraba bárbaros debido a su ascendencia, hablaban griego y vivían bajo la ley romana. Los gálatas del sur, sin embargo, eran principalmente de ascendencia griega y se convertían más fácilmente.

Por último, Pablo escribió a todos los creyentes de Roma, una iglesia que él no había fundado, diciendo que pensaba visitarlos de camino a España. Dejaba Asia y Grecia porque no le quedaba ningún lugar donde predicar. Aunque había muchos lugares para predicar o pastorear, se había quedado sin trabajo como plantador de iglesias en pueblos no alcanzados. Su equipo había plantado iglesias en todos los lugares, que ahora podían terminar el trabajo de evangelización por saturación; por lo tanto, planeaba pasar por Roma en su camino hacia el campo no alcanzado de España.

En las primeras décadas, habían "puesto el mundo patas arriba". En el año 100, había una iglesia por cada doce grupos de personas no alcanzadas. Hoy hay más de 416 iglesias por cada grupo de personas no alcanzadas. Para terminar la Gran Comisión, no tenemos que construir toda la casa; solo tenemos que colocar los últimos ladrillos en la chimenea, y ya está.

Puntos para reflexionar

- Considera que todas las iglesias existentes eran "iglesias domésticas" hasta mediados del siglo III de nuestra era. Tómese un momento y piense en el entorno íntimo, las relaciones estrechas, y la atmósfera de "familia" en lugar de "corporativa". ¿Cómo es eso mejor o peor que lo que tenemos hoy?

- Pablo se dirigió a grupos de personas no alcanzadas. Nosotros deberíamos hacer lo mismo en nuestros esfuerzos misioneros.

- Pablo no era un arquitecto de iglesias; era un contratista. Su trabajo era poner los cimientos y dejar que otro construyera el "cuerpo". Nunca "construyó sobre los cimientos de otro".

Misionología y mundos

Episodio 1

Mundos A, B y C

En las misiones, existen hoy tres mundos, conocidos como Mundos A, B y C.

El Mundo A está compuesto por aquellos que nunca han escuchado el nombre de Jesús. Comprenden el 28 por ciento de la población de la tierra y viven principalmente en grupos tribales, tierras islámicas estrictas, y en lo que se llama la ventana 10/40. Solo el 2,5% de todos los misioneros existentes intentan llegar a ellos. Su apoyo misionero combinado equivale a solo 1¢ de cada 100 dólares dados a las misiones.

El mundo B está compuesto por aquellos que tienen un acceso limitado al evangelio, aunque nunca lo hayan escuchado personalmente. El 39% de la población de la Tierra vive en estas tierras, como Kenia, Malasia, Uruguay y Birmania. Solo el 17,5% de los misioneros existentes intentan llegar a ellos. Solo 99 centavos de cada 100 dólares que se dan a las misiones se destinan a financiarlas.

El mundo C incluye a aquellos que tienen acceso ilimitado y sin restricciones al evangelio. Comprenden el 33% de la población de la tierra y viven en países como Inglaterra, América, Alemania y Australia. Increíblemente, el 80 por ciento de todos los misioneros existentes están ministrando a este grupo, consumiendo 99 de cada 100 dólares dados a las misiones.

Conociendo estos datos, debemos hacernos las siguientes preguntas:

¿Por qué designamos lo mínimo en mano de obra y dinero para alcanzar a aquellos que nunca han escuchado el evangelio?

¿Por qué damos lo máximo para evangelizar continuamente a los menos que lo han oído pero parecen ignorarlo?

¿Es así como definimos la "mayordomía"?

Quizá la respuesta se encuentre en otra pregunta:

¿El propósito de las misiones es predicar continuamente el evangelio a los que ya lo han oído o a los que todavía no lo han oído?

Los esfuerzos y el diezmo de la iglesia local son para llegar a casa. Las ofrendas misioneras de la iglesia deben ser para alcanzar, no más el área local, sino el mundo no alcanzado.

Puntos para reflexionar

- De todos los misioneros que conoces o apoyas, ¿qué porcentaje está trabajando en condados que ya tienen acceso ilimitado al evangelio y han estado produciendo sus propios pastores durante siglos?

- ¿Qué tan rápido podríamos terminar la tarea de la Gran Comisión si enviáramos misioneros a aquellos que nunca han escuchado en lugar de aquellos cuyas culturas e idioma tienen una exposición ilimitada?

- La responsabilidad del pastor y de la iglesia local es terminar la tarea de evangelizar su comunidad. La responsabilidad del misionero es infiltrarse en las comunidades no alcanzadas y crear un nuevo cuerpo de creyentes que el pastor pueda madurar y dirigir para completar la tarea.

El valor y la practicidad de apoyar a los misioneros nacionales

Episodios 2, 4, 38

Trabajar juntos para alcanzar el mundo apoyando a los nacionales

¿Es realmente difícil financiar la evangelización del mundo? Eso depende de su método para intentar hacerlo. La Escritura dice que "uno perseguirá a mil, pero dos perseguirán a diez mil"; por tanto, cuantos más seamos los que trabajemos juntos, más rápido conseguiremos hacer el trabajo.

Aunque se necesita dinero para evangelizar el mundo, algunos todavía parecen pensar que todo lo que tenemos que hacer es orar y tener buenas intenciones, y luego Dios hará el resto. Él sí puede, pero nos reveló que SU plan es que nosotros lo hagamos-en SU poder, usando SU financiamiento. Pablo hizo estas cuatro preguntas en el capítulo diez de Romanos:

1. ¿Cómo, pues, invocarán a aquel en quien no han creído?

2. ¿Cómo creerán en aquel de quien no han oído hablar?

3. ¿Cómo oirán sin un predicador?

4. ¿Cómo van a predicar si no son enviados?

Así pues, podemos estar de acuerdo en que nuestro trabajo es evangelizar el mundo, pero obviamente, no podemos ir todos a *alguna parte*, y ninguno de nosotros puede ir a *todas partes*; por lo tanto, debemos enviar a otros para que realicen la tarea. En otras palabras, unos dan y otros van.

Desgraciadamente, hay más países cerrados a los misioneros que abiertos, y muchos idiomas aún no se entienden, así que ¿cómo podemos alcanzar nuestro objetivo encomendado de evangelizar el mundo entero utilizando solo misioneros estadounidenses? El hecho es que no podemos. Por lo tanto, debemos utilizar a los hombres que Dios ya ha colocado en cada cultura para alcanzar a su propia gente; a estos hombres los llamamos *predicadores nacionales*.

¿Y cómo podemos financiarlos? Es sencillo. Muchos predicadores nacionales pueden sobrevivir con tan solo 30 dólares al mes. Si una congregación de 100 personas diera solo un centavo al día, esos centavos combinados podrían mantener a un predicador nacional a tiempo completo. ¡Imagínate lo que esa misma congregación podría lograr con un cuarto de dólar al día!

Puntos para reflexionar

- Apoyar a los nacionales es una cuestión de *oportunidad*. Cada país cerrado a los misioneros extranjeros está abierto a los predicadores nacionales. Nosotros alcanzamos a los que podemos localmente, y ayudamos a los nacionales a alcanzar a los que no podemos globalmente.

- Apoyar a los predicadores nacionales es una cuestión de *eficacia*. No tienen que aprender un idioma, adaptarse a una cultura, perder años en deportaciones y permisos, o trasladar a su familia para vivir entre extraños.

- El apoyo a los nacionales es una cuestión de *economía*. Muchos pueden vivir con 20 dólares al mes, otros con 200. En comparación con los misioneros estadounidenses, la proporción de apoyo es de hasta 100 predicadores nacionales por el mismo dinero que un estadounidense.

La mayoría de los incrédulos no conocen a un creyente

Afirmar que el 100 por ciento de todos los incrédulos en el mundo no tienen una relación con Jesucristo es redundante, pero ¿sabías que el 86 por ciento de todos los incrédulos tampoco tienen una relación personal con un cristiano? Sin embargo, la historia ha demostrado que las amistades y las relaciones familiares son la mejor y más segura manera de llevar a una persona a Cristo.

Andrés llevó a su hermano, Simón Pedro, a conocer a Jesús.

Cuando los visitantes helénicos de Jerusalén oyeron que nuestro Señor había resucitado a Lázaro de entre los muertos, buscaron, no al propio Cristo, sino a algunos de sus discípulos y les pidieron: *"Señores, queremos ver a Jesús"* (Juan 12:21).

Cuando Saulo se encontró con Jesús en el camino de Damasco, el Espíritu Santo envió a Ananías para que se hiciera amigo suyo, lo sanara y lo llevara a un conocimiento salvador de Cristo.

Después de que una mujer de negocios llamada Lidia conociera a Pablo, Silas, Timoteo y Lucas en las orillas de un pequeño río en las afueras de Filipos, los invitó a su casa, se convirtió en creyente y su hogar se convirtió en la primera iglesia doméstica de Europa. Mientras estaban allí, Pablo y Silas fueron arrestados y llegaron a conocer a un carcelero filipino y a su familia -más conversos. Luego, Pedro se relacionó y convirtió a toda la familia de Cornelio, un centurión romano. Los ejemplos de amistad y evangelismo familiar son interminables.

Trágicamente, solo hay una pequeña posibilidad de que alguien que no conoce a un creyente llegue a Cristo. Sucede, pero es raro. Sin embargo, hay muchas razones para esperar que alguien que sí conoce a un creyente venga a Cristo, a menos que ese creyente fracase completamente en sus oportunidades de testificar.

La mayoría de los incrédulos no conocen a un cristiano porque viven en países restringidos o cerrados a la actividad misionera. Pero Dios siempre tiene un testigo a mano. Los llamamos predicadores nacionales, y nosotros como ministerio existimos para encontrarlos y apoyarlos. ¿Te gustaría ayudar?

Puntos para reflexionar

- ¿Cómo oíste hablar de Cristo por primera vez? ¿El mensajero fue un extraño o un miembro de la familia?

- En muchas culturas, una vez que el líder de la familia viene a Cristo, el resto comienza a abrir sus corazones y su mente para recibir el mensaje del evangelio.

- ¿Qué importancia tienen las relaciones personales? Influyen en el lugar en el que vivimos, en el que trabajamos, en el que asistimos a los servicios religiosos, en lo que comemos, en cómo nos vestimos, en dónde compramos, en dónde vacacionamos, en nuestro acento, en nuestra fe, en nuestras opiniones políticas, etc. Nos han convertido en lo que somos y en lo que llegaremos a ser.

- Los creyentes tienen que esconder su fe en algunas tierras debido a la persecución, pero la Luz del Evangelio atraviesa sus relaciones y está llevando a millones a Cristo en tierras donde hacerlo conlleva una sentencia de muerte.

Los predicadores nacionales no son cristianos del arroz

En 1986, cuando empecé a promover la idea de apoyar a los predicadores nacionales para que llegaran a su propia gente, me encontré con una importante oposición, pero no de los misioneros. Ellos conocían de primera mano las ventajas que tenían los predicadores nacionales para llegar a sus propias familias y vecinos. Pero algunos líderes de las misiones se oponían a la idea y ridiculizaban públicamente a los predicadores nacionales, diciendo que eran ignorantes o perezosos o *cristianos de arroz* -un término popular utilizado para denigrar a los predicadores nacionales, etiquetándolos como sirvientes insinceros de cualquier fe que los alimentara.

Las iglesias empezaron a aceptar poco a poco mis argumentos a favor de apoyar a los misioneros nacionales. Mis afirmaciones eran lógicas, bíblicas e indiscutiblemente eficaces. Incluso el apóstol Pablo lo hizo. Algunos críticos dijeron que estábamos tratando de cambiar las misiones, pero en realidad estábamos tratando de devolverlas a sus raíces bíblicas. Las misiones habían cambiado 200 años antes, cuando las juntas misioneras y las iglesias determinaron que solo se podía apoyar a un estadounidense o a un europeo como misionero. Los predicadores nacionales, si se les ayudaba, quedaban relegados a ser sus conductores y sirvientes. Juntas bien intencionadas crearon el método moderno de misiones, y aunque ha funcionado, no es ni de lejos tan eficaz como el método bíblico.

Después de la Segunda Guerra Mundial, los misioneros acudieron en masa a Filipinas, tras haber servido allí en la guerra, y se habían enamorado de la gente. Treinta años más tarde, en 1975, su número había crecido hasta unos 3.000 misioneros, y casualmente, también unas 3.000 iglesias. Pero en los siguientes treinta años, la muerte, la jubilación y la atracción de otras tierras hicieron que su número disminuyera. Finalmente, en 2005, solo quedaban 118 de los 3.000, aunque el número de iglesias había aumentado a 55.000.

Si los 3.000 misioneros extranjeros tardaron tres décadas en fundar 3.000 iglesias, ¿cómo es posible que en las tres décadas siguientes solo 118 misioneros pudieran fundar otras 52.000 iglesias? La respuesta corta es que no pudieron, y no lo hicieron. El trabajo fue hecho principalmente por las naciones que habían ganado para Cristo y discipulado, quienes luego duplicaron los esfuerzos de los misioneros y produjeron una gran y creciente cosecha, no de arroz, sino de almas.

Puntos para reflexionar

- ¿Por qué alguien que se toma en serio la Gran Comisión debería rechazar la disposición de los nacionales a ayudar?

- ¿Qué motivación podría llevarnos a decir que no son dignos de apoyo financiero?

- Puesto que todos somos ciudadanos de algún país, ¿no es justo decir que todos somos nacionales?

- Si los predicadores nacionales solo deben ser apoyados por su iglesia local, ¿no debería aplicarse también a un misionero estadounidense que también pastorea una iglesia local? Si no es así, ¿por qué no?

Apoyar las misiones bíblicamente

Episodio 36

¿Cómo se utilizaba el diezmo en la Iglesia de los primeros tiempos?

Los diezmos y ofrendas mencionados en el Nuevo Testamento tenían un propósito específico. El nacimiento de la iglesia era todavía reciente, y aún no existían edificios eclesiásticos. Pasarían casi 300 años más antes de que se levantara la primera estructura construida específicamente para el uso del culto cristiano. Después pasarían otros 1.100 años antes de que a alguien se le ocurriera proporcionar asientos para los fieles.

Basándose en estos hechos históricos, algunos dicen que es antibíblico tener instalaciones para el culto, pero se equivocan. Ni Jesús ni la iglesia de los primeros tiempos tenían aire acondicionado, sistemas de P.A., música grabada, alfombra, asientos acolchados o pastores jóvenes. Tampoco tenían microondas, inodoros o coches. Si quieres criticar a los que celebran el culto en un edificio de la iglesia, tal vez quieras hacerlo denunciando las demás comodidades modernas de las que todos disfrutamos hoy en día.

Pero al grano, si no había edificios que erigir o remodelar, entonces ¿para qué se usaban los diezmos y las ofrendas? El libro de los Hechos y las Epístolas revelan que los diezmos y las ofrendas se utilizaban explícitamente para tres propósitos:

1. Para cuidar de las viudas y los huérfanos

2. Para ayudar a los encarcelados y a los más necesitados

3. Proveer salarios y ayuda a los siervos ministeriales de Dios, pastores de iglesias locales y misioneros que sirven en todo el mundo

para establecer iglesias locales. La Tercera de Juan se refiere a este propósito.

¿Significa esto que gastar nuestros diezmos principalmente en bienes raíces y construcción no es bíblico? No. Sin embargo, sugeriría que es contrario a los propósitos de Dios si nuestras ofrendas se gastan principalmente en la organización, las instalaciones y los programas, mientras que no proporcionan suficientes fondos o ningún fondo en absoluto en lo que estaban destinados. Que trágico es cuando una congregación dice que no puede pagar a su pastor o que no puede dar o dar más a las misiones porque tiene deudas con proyectos internos que consumen sus ofrendas.

¿Cómo podemos decir que estamos haciendo algo para la "gloria de Dios" cuando intencionalmente negamos sus propósitos expresos para esos fondos al hacerlo?

Puntos para reflexionar

- La Biblia dice que los cristianos eran conocidos por su amor - no por decir que amaban sino por demostrarlo- y no exclusivamente hacia otros creyentes, sino también hacia los inconversos. ¿Cómo podemos imitar sus acciones?

- La historia nos dice que las primeras "iglesias domésticas" (como lo eran todas) utilizaban sus diezmos para cuidar a sus pastores, apoyar las misiones y coordinar los esfuerzos de ayuda en sus propios pueblos y en el extranjero.

- Las primeras iglesias no gastaban sus diezmos en sí mismas, sino en promover la causa de Cristo. Imagina lo que las iglesias podrían lograr hoy en día si tuviéramos la libertad de utilizar nuestros diezmos en la Gran Comisión en lugar de en instalaciones.

¿Qué es un campo misionero?

Episodios 6, 49, 52, 53

¿Qué es un campo de misión?

A menudo oímos a los líderes cristianos referirse a sus ciudades como un campo de misión. Pero, ¿por qué? Promovemos los viajes misioneros de los jóvenes, y luego los llevamos a Houston o Miami, donde limpian los escombros del huracán y reparten botellas de agua. Bíblicamente, estos son *ministerios*, no misiones. Un misionero puede regalar agua, pero todos los que regalan agua no son misioneros. Un piloto puede comer una bolsa de cacahuetes, pero todos los que comen una bolsa de cacahuetes en un avión no son pilotos. Tampoco son pilotos todos los que trabajan en la aerolínea. Cada uno tiene que hacer su trabajo. Y créeme, no quieres que un auxiliar de vuelo ocupe el asiento del piloto.

K. P. Yohanan dijo una vez que, después de Pentecostés, Jerusalén dejó de ser un campo de misión para convertirse en una parroquia. ¿Cuál es la diferencia? Un campo de misión es un lugar poblado principalmente por personas que nunca han oído el evangelio y que probablemente han tenido poca o ninguna exposición al mismo. Pablo hizo esta distinción al afirmar que él, como misionero, nunca construyó sobre los cimientos de otro. Pablo casi siempre predicaba donde nadie había ido antes que él. Pero, ¿por qué se limitó de esa manera? Porque como misionero, la descripción de su trabajo era llevar el evangelio donde nunca se había predicado antes. Una vez allí, convertiría a los perdidos, bautizaría a los nuevos creyentes y luego formaría discípulos. Luego dejaba a alguien para que pastoreara el nuevo rebaño mientras él se trasladaba al siguiente lugar donde Cristo aún era desconocido. Por otro lado, el apóstol Santiago no era un misionero, sino un pastor; vivió y murió en Jerusalén, alimentando el rebaño que Dios le había dado, no convirtiendo a los paganos, gentiles adoradores de ídolos del imperio exterior.

Llamar al "hogar" un campo de misión es como llamar a una clase de escuela dominical de hombres una guardería. ¿Por qué? Porque todos solíamos ser bebés, y tal vez a veces todavía actuamos como bebés, pero afortunadamente, ya no lo somos. Ignorar lo que la Biblia enseña sobre las misiones ha llevado a las congregaciones a gastar recursos misioneros vitales y muy limitados en la extensión del ministerio de la iglesia local en lugar de la Gran Comisión.

Puntos para reflexionar

- Un campo misionero es un lugar donde Cristo es predominantemente o totalmente desconocido y sin nombre. ¿Hay algún barrio en su ciudad que pueda encajar en esa descripción? ¿Qué vas a hacer al respecto?

- Si el diezmo pertenece al Señor, ¿qué debemos hacer con él: lo que nosotros queremos o lo que Él quiere? ¿Qué medidas podemos tomar para lograrlo?

- ¿Cuál es la manera más rápida, barata y fácil de llegar a un auténtico campo misionero? ¿Es enviando a uno de nosotros a predicarles o ayudando a uno de ellos a alcanzar a su propia gente? Decide tú, y luego haz algo para facilitarlo.

¿Por qué se mencionó Samaria en la Gran Comisión y no Galilea?

A veces solo podemos adivinar por qué Dios hace lo que hace. En las regiones objetivo de la Gran Comisión, se mencionan tres lugares específicos y luego los confines del mundo. Jerusalén era una ciudad. Judea era la región en la que se encontraba Jerusalén. Samaria era la tierra de los samaritanos mestizos, que los líderes religiosos judíos despreciaban porque no eran totalmente hebreos. Los samaritanos como raza eran considerados tan detestables que un Sumo Sacerdote convirtió en delito que un sacerdote pasara por la zona o hablara con un samaritano, y si pasaba la noche allí, podía ser ejecutado.

En la Gran Comisión, Jesús saltó de Samaria a *"los confines"*, aparentemente ignorando Galilea, donde creció, realizó la mayoría de sus milagros e hizo gran parte de sus enseñanzas. ¿Por qué? Tal vez no era necesario. Galilea fue el primer lugar al que fue después de su resurrección. La mayoría de las personas que lo vieron, excepto en el metro de Jerusalén, habrían sido galileos. No tuvieron que oír hablar de la muerte, la sepultura y la resurrección; lo habían visto con sus propios ojos.

En las Escrituras, los seguidores de Cristo daban testimonio habitualmente a sus conocidos. Cornelio hizo que toda su familia supiera de Él. El maníaco de Gadara conoció a Cristo y dio testimonio a todos sus compatriotas, y los que Jesús curó difundieron su nombre por todas las regiones donde vivían. Andrés llevó a su hermano Pedro a Jesús, y Felipe a Natanael. Pero Samaria no era un lugar en el que los conversos judíos tuvieran normalmente amigos o parientes. Era una región "de paso" para los judíos devotos, así que, a diferencia de Galilea, Samaria tuvo que ser deliberadamente objeto de evangelización por parte de Cristo.

Sospecho que Cristo pudo haber estado haciendo el punto de que en nuestro celo para alcanzar el mundo, no debemos pasar por alto los que son conocidos por nosotros, pero siguen siendo desconocidos para nosotros, sobre todo cuando son tan geográficamente cerca de nosotros. Qué extraño que enviemos más misioneros a México que a cualquier otro país, excepto Brasil, pero no evangelicemos a los mexicanos que cortan nuestro césped, construyen nuestras casas y compran en nuestras tiendas. Tal vez la lección a aprender es: en nuestra prisa por evangelizar los confines de la tierra, no olvidemos nuestra Samaria.

Puntos para reflexionar

- A veces equiparamos "Jerusalén, Judea y Samaria" con nuestra ciudad natal, nuestro estado y luego el resto del país. Ese uso es incorrecto porque "mi Samaria" puede ser "tu Jerusalén". Su énfasis no estaba en la distancia sino en alcanzar a los que tienen una amplia exposición, una limitada exposición y ninguna exposición.

- Examina tus donaciones a las misiones. ¿Dónde estás en el mapa? ¿Tus fondos se dirigen a los nunca alcanzados, a los parcialmente alcanzados, o a las tierras ya saturadas con el evangelio?

- ¿Estás rociando el mundo con el evangelio como un agricultor riega sus campos, o estás vertiendo tus cubos de Agua de Vida en una pequeña parcela creando un agujero de barro? Conviértete en un aspersor, no en una tubería rota.

Misioneros, ¡dejen la ciudad y vayan a las aldeas remotas!

Hago mucho hincapié en que un misionero sea un plantador de iglesias y no solo un pastor en una tierra extranjera. Lo hago porque es bíblico, y alguien tiene que hacerlo. Un misionero debe trabajar para salir de un trabajo, no para profundizar en él. También creo que un campo misionero no es un lugar al que uno se siente llamado a ir o al que lleva a un grupo de jóvenes, ni es necesariamente un lugar con necesidades extremas. Todos los lugares las tienen. Un campo de misión es un pueblo, y tal vez a veces, una región habitada por personas, de las cuales la mayoría o ninguna ha tenido aún una exposición significativa al evangelio. Eso es bíblico. Lo que los americanos llaman misiones es típicamente un lugar con iglesias ya establecidas. Debemos aceptar la definición de Dios y cumplir con su Comisión.

He pasado un buen número de años en Honduras y soy anfitrión de Viajes Visionarios allí cada verano. Pero Honduras, como país, no es un campo misionero. Miles de iglesias se han establecido allí. Sin embargo, también hay miles de pueblos donde ningún predicador ha entrado a predicar el evangelio. ¿Cómo es posible? Es muy sencillo. La mayoría de los misioneros realizan la función de un pastor, no de un misionero, y tienden a congregarse en la capital y en los centros comerciales. La vida es más cómoda allí con la disponibilidad de escuelas privadas, bancos, restaurantes, centros comerciales e Internet. En muchos países, más del 90% de los misioneros viven a pocos kilómetros de distancia.

He estado en muchas aldeas que nunca habían visto a un estadounidense; no tenían electricidad ni carreteras asfaltadas, ni fontanería ni industria. En esas aldeas, por lo general, ninguno de sus habitantes se ha aventurado nunca más allá de unos pocos kilómetros. Nunca han visto un televisor, un semicamión, una carretera asfaltada, una bombilla, una escalera mecánica o un cartel de neón. Nunca han montado en nada que no sea una mula o un carro. Nunca han ido a un salón de belleza ni han asistido a un partido de béisbol. Nunca han probado un Whopper y ni siquiera saben lo que es. Lugares como estos están a veces a menos de una hora de las grandes ciudades donde se congregan la mayoría de los misioneros. Nadie sabe que estos pueblos están ahí, aunque la mayoría aparecen en un mapa. Para encontrarlos hay que salir de la ciudad y adentrarse en las carreteras y caminos. Pero, ¿no se trata de eso las misiones? No se trata de ir donde todo el mundo ha ido, sino donde nadie se ha aventurado a ir. Es construir sobre los cimientos de nadie, no sobre los cimientos de **todos**.

Puntos para reflexionar

- Los misioneros se reúnen porque se les enseñó a hacerlo. Pastorean en lugar de plantar continuamente nuevas iglesias porque se les enseñó a hacerlo. ¿Crees que puede ser el momento de reeducar a los veteranos y entrenar mejor a la próxima generación? Compartir una copia de este libro sería un buen punto de partida.

- ¿Cómo encontrarías pueblos no alcanzados? Encuentra una carretera y conduce por ella. Encuentra un camino y camina por él. Siempre habrá alguien al final esperando escuchar tu mensaje. Y ellos sabrán de otros senderos en los que tú no has reparado.

- ¿Está mal servir en las grandes ciudades? No. Pero, ¿por qué plantar un huerto en los campos cultivados de un agricultor cuando puedes encontrar un campo abierto donde la gente está igual de hambrienta?

Los cuatro lugares de la Gran Comisión

La Gran Comisión comenzó, no como la onda de un guijarro ondeando en un estanque quieto, sino como un meteorito que se estrelló en los mares, creando un tsunami de evangelización y poniendo el mundo patas arriba.

En su inauguración, el día de Pentecostés, el Espíritu Santo permitió a los visitantes de Jerusalén escuchar las "obras maravillosas de Dios" en sus lenguas nativas. Estos visitantes procedían de al menos quince grupos étnicos, cada uno de los cuales hablaba su propia lengua, aunque probablemente también eran capaces de hablar griego y hebreo. Pero, ¿a cuáles de sus "obras maravillosas" se referían? ¿A que los ciegos vean, a que los sordos oigan, a que los cojos caminen o a que los muertos vivan? Citaban todo eso y más. Pero la mayor de sus obras maravillosas fue el cumplimiento de su promesa de enviar un Salvador y Redentor, el Cordero de Dios. Él había sido sacrificado por sus pecados solo unas semanas antes, cuando muchos de ellos ya habían llegado a Jerusalén. Y había resucitado de la tumba y había sido visto por cientos de testigos entre ellos.

Antes de partir al Cielo desde Betania, Jesús dijo a sus discípulos que volvieran a Jerusalén y esperaran una señal, y al verla cumplida, que salieran a evangelizar el mundo. Les ordenó que cubrieran todo el mundo nombrando solo cuatro lugares:

1. **Jerusalén**, donde esperaban según las instrucciones
2. **Judea**, la provincia más grande y periférica donde se encontraba Jerusalén

3. **Samaria**, una tierra de judíos mestizos situada entre Judea y Galilea

4. **Los confines de la tierra**, que son todos los demás lugares

Todo movimiento tiene que empezar en algún lugar, y Jerusalén era ese lugar. Algunos han sugerido que en pocos meses, hasta un tercio de la población de la ciudad pudo haberse convertido a esta nueva secta judía, más tarde llamada cristianismo. Pronto se quedarían sin gente a la que evangelizar. Dios sabía que necesitarían otro objetivo. Y ese próximo objetivo era Judea, que era la única región de Israel en ese día que tenía una influencia judía algo dominante mientras seguía siendo predominantemente gentil en la población.

El tercer objetivo era Samaria, al norte de Judea y poblada por los samaritanos, que eran en parte judíos y en parte gentiles, pero que eran considerados por los judíos religiosos como una abominación mestiza. Convertir a Samaria no sería difícil; al fin y al cabo, Jesús lo había iniciado mediante el contacto con la mujer del pozo y sus vecinos.

El objetivo final era el *"extremo"*. Pero al salir de Samaria viajando hacia el norte, se entra en Galilea, donde Jesús había vivido y ministrado. Tal vez por eso se saltó Galilea y se dirigió a los confines. Galilea, al norte, ya tenía un testigo, al igual que la Decápolis al este. Y la mayoría de sus discípulos eran de Galilea. En estas dos regiones es donde Jesús realizó la mayoría de sus milagros, como liberar al maníaco de Gadara, alimentar a los 5000 y curar al hijo del centurión. En lugar de ser mencionada por separado, Galilea parece estar incluida con el resto del mundo. Esto puede deberse a que, en aquella época, era hasta un 80% gentil. Incluso hoy en día, Galilea vuelve a formar parte de Israel, pero está muy poblada por gentiles árabes.

Puntos para reflexionar

- El conocimiento por sí solo (cómo testificar) no era suficiente sin el poder y la influencia del Espíritu Santo. Me enseñaron los "métodos", como si fueran suficientes, pero el Espíritu de Dios nos guía en lo que debemos decir y convence a los corazones de los oyentes.

- Históricamente, la difusión del evangelio en un país siempre comienza con la conversión de uno o unos pocos. A partir de ahí, se extiende de frontera a frontera y más allá. ¿Dónde ves que empieza a extenderse el Evangelio hoy en día?

- Cristo no tuvo que nombrar lugares específicos; podría haber dicho: "Id a todas partes". ¿Por qué crees que se dirigió a los que mencionó?

Lo que las Misiones no son

Episodios 14, 15, 16, 29

Atajos y reconocimiento

Los estadounidenses tienden a buscar siempre atajos y reconocimientos inmerecidos.

Atrás quedaron los días en los que se concedían trofeos a los que destacaban por encima de sus compañeros. Sobresalir ahora significa simplemente participar sin hacer ni más ni menos que cualquier otra persona del equipo. Mientras crecíamos, nosotros (y los demás) podíamos juzgar nuestro intelecto y conocimiento de una materia por las siguientes letras: A, B, C, D o F. Una letra decía mucho. Ahora, todo lo que obtenemos es un "aceptable" o "necesita mejorar".

¿Con qué criterios y según qué estándares se determina lo "aceptable"? No quiero que un piloto *aceptable* me lleve a cualquier sitio ni que un cirujano *aceptable* me abra el cráneo, aunque *aceptable* sea superior a "necesita mejorar".

Esta misma mentalidad de atajos para el reconocimiento se ha infiltrado también en las iglesias. Atrás quedaron los días en los que nos ganábamos el título de "misionero" por el sacrificio personal, el esfuerzo incansable y los logros del ministerio en tierras donde nuestra presencia era tan evidente como peligrosa. Hoy enseñamos a los miembros de nuestra iglesia que si le dan un tratado a la camarera en el almuerzo, son un misionero. Aquellos que hacen tales declaraciones inocentemente disminuyen lo que es un misionero bíblicamente. ¿Es realmente lo que pensamos que hacen los misioneros el repartir folletos? Quienquiera que le haya enseñado eso debería volver a la escuela.

Nuestros devotos pastores nos enseñan la Palabra de Dios, pero también lo hacen los maestros de la escuela dominical. Ambos enseñan, pero hay una diferencia en ser un pastor y ser un maestro de escuela dominical. Si hemos enseñado que ser un misionero es tan simple y que los requisitos del trabajo son tan fáciles de alcanzar, ¿es de extrañar por qué recaudar apoyo misionero es tan difícil? ¿Y por qué esperamos que nuestros jóvenes se interesen en hacer durante toda su vida adulta lo que ya hicieron de niños?

A decir verdad, deshonramos la vocación del misionero y minimizamos su importancia si los requisitos pueden ser alcanzados tan fácilmente. Las misiones no son las ligas menores; son las ligas mayores, y la iglesia, es hora de "jugar a la pelota".

Puntos para reflexionar

* ¿Cómo definirías a un misionero? ¿Qué hace y qué no hace?

* Jeremías escribió que no debemos "buscar grandes cosas para nosotros mismos", sin embargo la mayoría de nosotros queremos ser grandes. Es mejor ser lo que Dios te hizo y dejar que Él asigne la grandeza. No eres grande por lo que logras; eres grande porque logras lo que Dios quiere para ti.

* Lee las biografías de los misioneros y observa cómo fracasaron en sus intenciones pero triunfaron en las de Dios.

Las misiones no son el trabajo social, pero deben incluirlo

El trabajo social no es misiones, pero un misionero sabio utilizará el trabajo social para exponer más el evangelio, permitiendo que los perdidos "vean nuestras buenas obras y glorifiquen a nuestro Padre", como enseña Mateo 5:16. Algunos temen que regalar tiritas y gachas acabe con la predicación del Evangelio. Tienen razón en muchos casos, pero no tienen por qué tenerla. El hecho de que algunos pongan el carro delante de los bueyes no significa que todos tengan que hacerlo -o lo hagan-.

Jesús curó y alimentó con frecuencia a los necesitados e incluso resucitó a Lázaro de entre los muertos. El testimonio de Tabitha fue que vistió a las viudas. George Mueller atendió a más de 10.000 huérfanos durante su vida, y William Carey fundó la primera escuela primaria y femenina de la India, un instituto bíblico y la primera universidad de la India que ofrecía títulos. También fundó el primer periódico bengalí y la Sociedad de Horticultura de la India. Aprovechó todas las oportunidades sociales posibles de manera significativa para difundir el evangelio por toda la India. Sin embargo, a pesar de todos sus numerosos y masivos programas sociales, sigue siendo venerado en la India y en todo el mundo como un misionero.

Los misioneros ven el trabajo social como un medio de obedecer el mandato de Cristo de alimentar al hambriento, vestir al desnudo y cuidar de las viudas y los huérfanos. Estos programas no solo son sociales, sino también bíblicos.

Hoy en día, algunas de las organizaciones benéficas más conocidas ya no predican el Evangelio. Fracasaron en su vocación porque así lo decidieron, no porque sea inevitable. Nosotros también podemos elegir fracasar o permanecer fieles a nuestra vocación principal. Demas eligió abandonar a Pablo, pero de todo su séquito de más de 70 discípulos conocidos, solo Demas tomó esa decisión; todos los demás permanecieron fieles. Y Pablo nunca evitó el futuro ministerio en las ciudades porque Demas hubiera escogido su atractivo sobre las dificultades del ministerio.

Alimentar a una familia hambrienta con el pan que necesita para vivir puede abrir sus corazones para aceptar el Pan de Vida. Dar un vaso de agua en el nombre de Jesús te hará ganar una recompensa celestial y también le dará a quien lo reciba la oportunidad de escuchar cómo pueden beber y nunca más tener sed.

Puntos para reflexionar

- El hecho de que otros hayan fracasado en el uso de los esfuerzos sociales para difundir el evangelio no significa que no debamos utilizarlos. ¿O no? ¿Qué opinas?

- ¿Qué obras sociales podrías realizar en tu comunidad para que "tu luz brille"?

- ¿Debería la formación de los misioneros incluir instrucciones de "cómo" utilizar las obras sociales como herramienta para mejorar su ministerio?

- ¿Te gustaría unirte a mí en un Viaje Visionario y ayudar socialmente mientras ministras espiritualmente? Si es así, llámame.

Los viajes misioneros han cambiado

Los viajes de misión han cambiado. Hoy en día se puede volar de Inglaterra a la India en menos de medio día, pero hace doscientos años se necesitaban meses de navegación por algunas de las aguas más traicioneras e infestadas de piratas del mundo. Y si las olas no te atrapaban, el calor, la comida podrida y las enfermedades a bordo podían hacerlo. El viaje era tan peligroso que muchos morían en su travesía antes de llegar a su campo. Por ejemplo, la esposa y el hijo de David Livingstone murieron en el río Zambeze antes de llegar a su destino.

El misionero escocés John Payton, cuya familia viajó a las Islas Nuevas Hébridas, en el Pacífico Sur, perdió a su primera esposa y a su hijo recién nacido solo tres meses después de llegar. Debido a la cultura isleña, tuvo que dormir sobre las tumbas de su esposa e hijos hasta que se descompusieran para evitar que los caníbales desenterraran sus cuerpos para comerlos. Cuando murió, los isleños, convertidos, inscribieron su monumento diciendo: "Cuando John Peyton llegó no había cristianos; cuando murió, no había caníbales".

El propósito de viajar es sobrevivir llegando al lugar donde los hombres necesitan escuchar el evangelio. Cualquiera que sea tu esfuerzo -cruzar el Amazonas infestado de pirañas, o soportar el mal de altura en los Andes, o vadear pantanos en un delta asiático, o estar tan profundo en una selva africana que no puedes usar el sol para juzgar tu dirección- los peligros a lo largo del camino no son lo que importa; es el premio al final del camino.

En sus viajes, Pablo compartió que había sido golpeado con una vara, recibió unos 200 latigazos, fue dejado para la muerte, apedreado, encarcelado múltiples veces, naufragó tres veces, y durante muchos años, sufrió hambre, desnudez, frío y enfermedad. Sabemos que al menos una vez sobrevivió a la mordedura de una serpiente venenosa. ¡Qué viaje! ¡Qué premio! ¡Qué corona!

Los viajes misioneros han cambiado, pero nuestro mensaje no, y todavía queda que el mundo entero escuche al menos una vez lo que nosotros hemos escuchado toda la vida. Nuestra tarea aún no ha terminado. Ponte tus zapatos de viaje y sal a la calle.

Puntos para reflexionar

- A todos nos gusta quejarnos, pero deberíamos comparar las pruebas de nuestro viaje con las de quienes nos han precedido. Mi querida esposa siempre se refiere a nuestros viajes como "aventuras". Esa actitud los hace soportables y agradables.

- Cuando leas las biografías de los misioneros, presta atención a lo que tuvieron que soportar y a lo agradecidos que estaban por ser "considerados dignos" de sufrir por Cristo.

- A algunas personas les gusta la comida extraña, las tierras extrañas y las costumbres extrañas. Si eres una de ellas, ¿qué es lo que marca la diferencia en tu forma de ver las cosas?

- ¿Qué es lo más extraño que has comido?

Las misiones no son una labor eclesiástica, sino la plantación de iglesias

En los años 1700, los misioneros eran sembradores de iglesias en otras culturas. Generalmente, estas otras culturas se encontraban en tierras extranjeras con costumbres, comidas, estilos de vida e idiomas extraños. A veces, como en las Américas, las culturas eran totalmente diferentes pero no tan lejanas. A menudo estaban a menos de un día de camino en el bosque. Estos esfuerzos misioneros hacia los indios americanos fueron llevados a cabo en el noreste por misioneros como David Brainerd y en el sureste por misioneros como John Wesley.

Cuando se aventuraron a adentrarse en los bosques, dejaron atrás pequeñas iglesias tribales que a veces eran dirigidas por predicadores de la tribu y a veces por otros extranjeros. Por lo general, sus esfuerzos produjeron congregaciones que desarrollaron ministerios necesarios como escuelas y orfanatos. Los ministros -no los misioneros- fueron los primeros en dotar de personal a estos valiosos ministerios. Con el tiempo, el personal de trabajadores especializados, como médicos y maestros, superaba a los misioneros plantadores de iglesias. Debido a esto y a la necesidad de apoyar a estos trabajadores, no pasó mucho tiempo antes de que el término misionero pasara de ser plantadores de iglesias a ser simplemente trabajadores de la iglesia. A partir de ahí, el término *misionero* recibió otro golpe a su definición original, en el sentido de que los misioneros casi dejaron de ser sembradores de iglesias y se convirtieron prácticamente, sin excepción, en pastores y obreros de la iglesia.

Hoy, estadísticamente, la mayoría de los misioneros nunca plantarán una iglesia. Solo servirán como ayudantes o pastores asistentes hasta que el misionero envejecido se jubile o se traslade, y entonces ocuparán su lugar. Por esta razón, la mayoría de las personas dedicadas hoy en día que dicen ser y son apoyadas como misioneros son solo pastores u obreros.

Hay dos conceptos erróneos sobre los misioneros que prevalecen hoy en día:

1) Todos los misioneros son plantadores de iglesias. Esta concepción es objetivamente incorrecta.

2) Un misionero no tiene que ser un plantador de iglesias. Esta concepción es bíblicamente incorrecta.

Para cumplir con la Gran Comisión, los pastores necesitan reeducar a nuestras iglesias que un misionero no es un *obrero* de la iglesia; es un *sembrador* de iglesias.

Puntos para reflexionar

- ¿Ves la distinción entre la obra de la iglesia y la obra misionera? ¿Cómo ilustrarías la diferencia?

- ¿Comprendes que un misionero es un iniciador, y los pastores y laicos son los finalizadores?

- ¿Cuáles crees que son los peligros de redefinir a los misioneros para que dejen de ser sembradores de iglesias y discipuladores de sembradores de iglesias y realicen otras funciones que actualmente se atribuyen a los misioneros, es decir, trabajadores de niños, maestros, pilotos, pastores, etc.?

¿Qué es un misionero bíblico?

Episodios 7, 8, 9, 10, 11, 30, 33, 34, 47, 48, 51

Malentendidos sobre lo que es un misionero Parte 1 - Propósito

En Efesios 4, Dios revela cinco dones diseñados para llevarnos de la conversión a la madurez espiritual y perpetuar la iglesia hasta su regreso. Estos dones son *apóstoles*, profetas, evangelistas, pastores y maestros. La palabra apóstol es la palabra griega de la que derivamos la palabra *misionero*. Él pone los cimientos sobre los que los demás construirán. Los otros cuatro dones son ministros.

1. Un *profeta* es un exhortador de la Palabra, no un adivino místico.
2. Un *evangelista* evangeliza, es decir, gana a los perdidos con la misma naturalidad con la que un pastor guía al rebaño. No son predicadores itinerantes que ministran en las iglesias. (Felipe el evangelista tenía dos hijas; la Biblia también las llamó "evangelistas").
3. Los dos últimos cargos -*pastor* y *maestro*- son bien conocidos y, por lo tanto, se explican por sí mismos.

El misionero es llamado y equipado por Dios para ser el primer mensajero que entra en una cultura o región. Su trabajo es proclamar a Cristo y establecer una cabeza de playa desde la cual otros ministros expandirán su alcance y madurarán a los nuevos conversos. Declara el mensaje de que el verdadero Dios no quita, sino que da. No destruye, sino que restaura. No odia, sino que ama. No es un hombre que se convirtió en dios; es el Dios que se hizo hombre. No exige un sacrificio, sino que se convierte en nuestro sacrificio. No vivió y luego murió; vivió, murió y ahora vive de nuevo. Este mensaje nunca se ha escuchado ni imaginado, hasta que llega el misionero. Él prepara el camino para los futuros ministros que le seguirán. Sus esfuerzos combinados producirán más misioneros, predicadores, evangelistas, pastores, maestros, y así sucesivamente a perpetuidad.

Hoy en día, muchos quieren ser pagados por el ministerio y a menudo se llaman a sí mismos "misioneros" para obtener apoyo. Incluso hay autoproclamados fontaneros misioneros y misioneros de la industria de la moda. Tales títulos son absurdos y antibíblicos. Estas industrias no requieren misioneros sino un testimonio fiel de los miembros de la iglesia local. No es lo que uno se llama a sí mismo lo que lo convierte en misionero; es lo que hace. Entender el propósito real y bíblico de un misionero es clave para cumplir con la Gran Comisión.

Puntos para reflexionar

- El cristianismo moderno ha cambiado la definición de *misionero*, así que también hemos cambiado la definición de *evangelista*. Al hacer esto, ignoramos que Dios también elige a las mujeres para que sean testigos. ¿Cómo crees que esto ha afectado a la difusión del cristianismo? (Abordo esta cuestión en profundidad en mi libro *Great Commission Conundrums*).

- Considera que el propósito de un misionero es poner los cimientos del cristianismo en un lugar no alcanzado previamente. Si no lo hace, no hay iglesia. Hay que echar los cimientos antes de poder construir la estructura. ¿No debería eso hacernos honrar el cargo en lugar de ignorarlo, relegándolo a una posición inferior?

- En cuanto a enviar más y más "misioneros" al mismo lugar, ¿cuántos cimientos hay que colocar antes de empezar a construir?

Malentendidos sobre lo que es un misionero Parte 2 - Duración

Desde la infancia, me enseñaron (por su ejemplo) que los misioneros van a un solo campo extranjero y se quedan allí para siempre. He escuchado de misioneros que perdieron su apoyo porque se mudaron de un país a otro. Algunos pastores piensan que el hecho de que un misionero se mueva de un lugar a otro demuestra que no conoce la voluntad de Dios. Sin embargo, muchos pastores se mueven de una iglesia a otra, siguiendo la voluntad de Dios. El libro de los Hechos revela que Pablo no fue a un solo lugar; fue a muchos. Se quedó en Tesalónica solo tres semanas, y Corinto, su estancia más prolongada en un lugar, lo acogió durante varios años.

No es el tiempo de permanencia lo que te convierte en misionero. Por lo menos tres criterios bíblicos hacen esa determinación:

1. **Dónde vas** (¿Quiénes son las personas a las que vas a alcanzar?)

2. **Lo que haces** (¿Plantas iglesias y entrenas a plantadores de iglesias o pastoreas una sola congregación?)

3. **Por qué te vas** (¿Es para ir a otro lugar y repetir el proceso o para abandonar tu vocación por otra?)

Todo se reduce a una simple pregunta: ¿Cuál es la diferencia entre un misionero y un predicador o pastor itinerante? Aquí está la respuesta: las misiones son el traslado intencional de su ministerio desde las regiones informadas sobre el evangelio a otra región desinformada. Se trata de exponer a los no expuestos al evangelio, nada más, nada menos, nada más. Pastorear es madurar a los convertidos. El predicador itinerante (profeta) es un exhortador, que ayuda a los pastores con sus enseñanzas. Un evangelista evangeliza-fuera de las instalaciones de la iglesia-no dentro donde se reúnen los creyentes.

Pablo anunció una vez que se trasladaba de Corinto a España. Su razón declarada fue que donde él y sus discípulos habían estado sirviendo en las regiones de Galacia y Acaya, no quedaba ningún lugar para predicar. Seguramente, algunas ciudades e iglesias habrían estado ansiosas y honradas de recibir a Pablo. Lo que quería decir era que, puesto que no era un pastor, sino un misionero ordenado por Dios para llevar el evangelio a esas regiones sin exposición a él, no tenía más remedio que trasladarse para encontrar otra región desinformada y no evangelizada y empezar de nuevo. Así, se trasladaba a España. Bíblicamente, los pastores se *trasladan* a una zona establecida para apacentar las ovejas, mientras que los misioneros se *trasladan* y plantan nuevas iglesias.

Puntos para reflexionar

- Considerando el ejemplo bíblico de Pablo, ¿crees que un misionero debe ir a una ciudad o país y quedarse allí toda su vida?

- ¿Ves cómo los dones ministeriales de Dios a la iglesia están estratégicamente diseñados para entrar en un lugar no alcanzado y nacer, madurar, multiplicar, perpetuar y expandir la iglesia allí y más allá?

- ¿Cómo ha afectado a Su plan la reubicación moderna de estos dones?

Malentendidos sobre lo que es un misionero Parte 3 - El lenguaje

A los 11 años, sentí el llamado a las misiones. A partir de ese momento, escuché y aprendí de todos los misioneros que conocí. Me convencí de que tenía que aprender otro idioma para ser misionero simplemente por sus ejemplos. Por eso, cuando crecí, me pregunté naturalmente por qué los misioneros servían en Inglaterra, Australia, Belice y otros países de habla inglesa. Estaba un poco confundido.

Cuando empecé a estudiar la Biblia, no pude encontrar ningún lugar en el que Pablo predicara a los gentiles en otro idioma que no fuera el griego, un idioma tan familiar para Pablo como lo es el inglés para mí. Al estudiar sus métodos de ministerio, empecé a ver un patrón emergente. Pablo nunca tuvo que asistir a una escuela de idiomas. Su énfasis estaba en penetrar en ciudades que eran las sedes culturales de una región circundante. Cada comunidad se distinguía por su dios o diosa principal o patrón. Es posible que estos también fueran conocidos y adorados en otras regiones, pero eran secundarios a la deidad principal de la región. Corinto adoraba principalmente a Apolo, Éfeso a Diana y Atenas, por supuesto, a Atenea. Cuando Pablo y Bernabé comenzaron a realizar milagros y a evangelizar en Listra, la ciudad natal de Timoteo, los ciudadanos creían que eran Júpiter y Mercurio.

Además de que cada región tenía su propio dios regional, también tenían su propia lengua regional, al igual que Pablo tenía su lengua materna, el hebreo. A través de la ocupación militar, las lenguas a menudo morían, pero incluso cuando una lengua local sobrevivía, la gente solía ser obligada a hablar la lengua del Imperio. Estadísticamente, hoy en día muere una lengua cada dos semanas, y el 96% del mundo habla una de las cuatro lenguas.

Por tanto, lo que te convierte en misionero no son las lenguas que hablas, sino el mensaje que proclamas. Los misioneros no siempre tienen que ser bilingües si el inglés es bien conocido localmente o si tienen un intérprete.

Cabe señalar que, en el momento de escribir estas líneas, hay 225 millones de angloparlantes en Estados Unidos, pero hay 220 millones de angloparlantes en India y Pakistán.

Puntos para reflexionar

- El inglés es la lengua oficial de 67 países y otros 27 territorios. Es la lengua más hablada del mundo, superando apenas al chino mandarín. El impacto se debe principalmente a la antigua expansión del Imperio Británico y al liderazgo de Estados Unidos en todo el mundo.

- ¿Te has planteado alguna vez que Paul no haya tenido que ir a una escuela de idiomas?

- ¿Qué idiomas habla? La mayoría de la gente disfruta escuchando a alguien que intenta comunicarse con ellos. Les hacen cosquillas nuestros errores y les honra que nos esforcemos. Trágate tu orgullo e intenta hablar con los extranjeros que encuentres en tu ciudad. Tus intentos podrían llevarles a la salvación.

Malentendidos sobre lo que es un misionero Parte 4 - Ubicación

Crecí pensando que un misionero va del punto A al punto B para dar testimonio, pero estaba equivocado. Hasta donde sabemos, Pedro, Santiago, Felipe y Esteban nunca salieron de las fronteras del Imperio Romano. Ellos ministraron como pastores, evangelistas y diáconos, pero Pablo era un misionero. Todos ellos sirvieron en el mismo imperio predicando el mismo evangelio. Entonces, ¿por qué tenían títulos diferentes? Sencillamente, tenían propósitos diferentes. Esos hombres mencionados predicaron donde la gente conocía a Cristo en un grado u otro, pero Pablo predicó donde Cristo era desconocido-hasta que llegó. Las sedes del cristianismo - Jerusalén, Damasco, Alejandría y Antioquía- tenían el evangelio, pero Tesalónica, Atenas y Berea no. Todos los ciudadanos vivían bajo el dominio romano; todos hablaban griego, compartían el comercio y la educación, pero tenían un nivel diferente de exposición al evangelio.

Algunos estadounidenses que ministran en el extranjero son llamados "misioneros".

Los predicadores nacionales ministran junto a ellos en la misma iglesia, pero se les llama "pastores" -el mismo mensaje, el mismo lugar, la misma gente, pero un título diferente. ¿Por qué? En mi trabajo de plantación de iglesias más joven en la ciudad de Nueva York, aprendí que si pastoreaba en el norte del estado de Nueva York, se me llamaría "pastor", pero como estaba plantando una iglesia en el área de la ciudad de Nueva York, se me llamaba "misionero". Sin embargo, no había ni hay ninguna Escritura que apoye ese pensamiento.

Un lugar no califica como un campo de misión porque está lejos de casa o tiene un idioma o cultura diferente. Es un campo de misión porque hay una ausencia de la predicación del evangelio, y los habitantes saben poco o nada de Cristo. Todo es cuestión de acceso.

Si el evangelio está allí y disponible sin restricciones, entonces no es un campo de *misión*; es un campo de *ministerio*. Los que se necesitan para predicar y servir en regiones donde se conoce a Cristo no son misioneros sino evangelistas, pastores, diáconos y laicos. Si realmente no hay propósito en estos diferentes llamados de Dios, entonces ¿por qué ir a otro lugar cuando podemos quedarnos en casa y hacer lo mismo?

Puntos para reflexionar

- ¿Ves que no eres un misionero por donde vas, sino por qué vas? Si tu propósito es pastorear una congregación, no estás haciendo un trabajo misionero; estás pastoreando.

- ¿A cuántos misioneros se les enseñó lo contrario? ¿Podría ser esa una gran razón por la que no hemos cumplido la Gran Comisión?

- No hay nada malo en comenzar una nueva iglesia en un área que ya las tiene; Dios guía donde Dios guía. Pero, ¿es bíblicamente correcto que me llamen "misionero" mientras planto una iglesia minutos al norte de la ciudad de Nueva York, en un lugar que ya tiene decenas de iglesias establecidas desde hace siglos?

Malentendidos sobre lo que es un misionero Parte 5 - Cultura

En mi juventud, pensaba que un misionero se parecía a mí, pero iba a predicar a personas que no se parecían a mí, ni se vestían como yo, ni siquiera comían como yo. Eran diferentes.

Este malentendido ha llevado a muchas familias de misioneros a volver a casa. De hecho, más de la mitad de los misioneros que llegan al campo extranjero no duran más allá de su primer mandato. Todos los años de diputación y estudio del idioma no han servido para nada. Cuando se les pregunta, la principal razón que dan para no regresar es su incapacidad para adaptarse a la cultura.

Los misioneros, justificados o no, se han ganado universalmente la reputación de que intentamos cambiar la cultura de la gente a la que vamos a alcanzar. Después de llevarlos a Cristo, a menudo intentamos involuntariamente convertirlos en cristianos estadounidenses, enseñándoles a llevar traje y corbata a la iglesia cuando su propio presidente ni siquiera viste así. Nuestro ejemplo influye en su estilo de vestir, en sus preferencias musicales, en sus hábitos alimenticios y en sus horarios ministeriales. Las iglesias nacionales se contentan con reunirse en una casa o bajo un árbol hasta que aprenden que las iglesias estadounidenses tienen edificios con campanarios. No se distraen con el llanto de los bebés, el canto de los gallos o incluso el ocasional perro que duerme a los pies del pastor, hasta que les enseñamos que deben distraerse con esas cosas y tomamos medidas para evitarlas.

Cuando creía que un misionero era alguien como yo que iba a predicar a los que no eran como yo, me equivocaba. En nuestro fracaso para alcanzarlos, el problema no es que no sean como nosotros, sino que nosotros no somos como ellos. Pablo enfatizó esto cuando dijo: *"Me he hecho todo para todos los hombres, para salvar a algunos por todos los medios. Y esto lo hago por causa del evangelio, para ser partícipe de él con vosotros"* (I Corintios 9:22b-23). En otras palabras, Pablo dijo: "Nunca traté de haceros como yo; me hice como vosotros para ser uno de vosotros y llevaros a Cristo". Nosotros, como misioneros, no debemos *soportar* otras culturas; debemos *asimilarlas*.

Puntos para reflexionar

- Imagina que tu pastor fuera de una tribu asiática. Solo vistiera su ropa tribal (una modesta túnica con minifalda). Siempre comiera su comida tradicional (gusanos de la grada y perro asado). Solo permitía su preferencia de instrumentos musicales (flautas de bambú y tambores) e insistía en que todos se sentaran en el suelo. ¿Qué eficacia tendría su ministerio? ¿Qué atractivo tendría para sus vecinos unirse a su iglesia?

- Cuando imponemos nuestras preferencias culturales a otras sociedades, los que se convierten suelen ser vistos como traidores a su propio pueblo, al desear ser como los extranjeros y no como sus antepasados. Este cambio disminuye la fuerza de su testimonio.

- ¿Qué crees que quiso decir Pablo al convertirse en uno de ellos? Considera que tuvo que hacerlo en todos los lugares a los que fue. Me pregunto si experimentó un choque cultural. La asimilación extermina el choque cultural.

Los títulos tienen consecuencias

La Biblia enfatiza, por ejemplo, que un misionero es un sembrador de iglesias. Puede llevar el sombrero de pastor por un corto tiempo mientras entrena a otros, pero su vocación es plantar iglesias. En Efesios 4, la Escritura hace una distinción entre ser pastor y ser misionero. ¿No deberíamos hacer nosotros también esa distinción? Si cada jota y tilde es importante, entonces los títulos que Dios escogió para usar son importantes también; y no debemos alterarlos, ignorarlos o redefinirlos.

Por ejemplo, en la década de 1980, las iglesias estadounidenses se acostumbraron a dar el título de *misionero* a cualquier trabajador religioso que viviera en el extranjero. Esta tradición continuó, y como resultado, la mayoría de los que sirven como "misioneros" hoy son en realidad maestros, trabajadores de orfanatos o personal de la iglesia.

La década de 1990 trajo consigo más cambios en la definición del título de *misionero*. Otros, que también necesitaban obtener apoyo para sus ministerios aquí en América, cambiaron su título de evangelista a "misionero". Ahora tenemos carpinteros misioneros, capellanes de prisiones misioneros, misioneros en bases militares, e incluso fontaneros misioneros. La verdad es que todo misionero debe evangelizar, pero toda persona que lo hace no es necesariamente un misionero.

"Entonces, ¿cuál es el problema?", te preguntarás. "Después de todo, es solo un título".

Este es el problema, cuando se cambia la definición de un término, se cambia su propósito. Es por eso que hoy en día, la mayoría de los misioneros nunca han fundado una iglesia. Solo sirven en funciones ministeriales y ni siquiera se dan cuenta de que no están cumpliendo el propósito del llamado que dicen tener. Sencillamente, si no eres un plantador de iglesias, no eres un misionero, aunque pueda ser un ministro del evangelio. Ambos pueden y deben ser apoyados. Así que, apoyen a los misioneros como misioneros, y apoyen a los obreros, pastores, maestros, etc., como dignos ministros del evangelio. No roben a Pablo para pagar a Pedro.

Una iglesia puede tener muchos maestros y predicadores, pero solo uno se llama pastor. Un hospital puede tener decenas de profesionales de la salud, pero solo los cualificados se llaman médicos. Incluso las compañías aéreas tienen miles de empleados, pero solo los probados y experimentados se llaman pilotos. Si los títulos no son importantes, entonces ¿por qué, papá, mamá, tienes uno?

Puntos para reflexionar

- Nombra diez títulos, por ejemplo, médico, abogado, cuyo significado sea evidente.

- ¿Puedes nombrar uno que no lo sea?

- ¿Ves ahora lo importante que puede ser un título y cómo su redefinición puede cambiar la palabra y, con el tiempo, el mundo?

- ¿Cómo podemos recuperar el significado original de lo que significa ser misionero?

Algunos misioneros empiezan mal pero terminan bien

Algunos comienzan bien y terminan mal en la labor misionera, como Demas. Otros empiezan mal pero terminan bien, como Juan Marcos.

Juan Marcos era hijo de María, en cuya casa se reunía la iglesia primitiva de Jerusalén, y también estaba emparentado con Pedro y Bernabé, el primer compañero misionero de Pablo. Bernabé y Pablo llevaron a Marcos con ellos como su asistente y protegido en su primer viaje a Chipre, la tierra natal de Bernabé (Hechos 13:5). Sin embargo, en la segunda parada de su viaje en Perga, Juan Marcos, por alguna razón, abandonó el equipo y se fue a casa.

Más tarde, después de que Pablo se reuniera con el Consejo en Jerusalén, Bernabé les sugirió que permitieran a Marcos volver a unirse a ellos. Quería dar una segunda oportunidad a su sobrino. A pesar de su admiración por su superior Bernabé, Pablo se opuso tan rotundamente que él y Bernabé se separaron, para no volver a ministrar juntos. Esta denuncia habría desanimado a la mayoría de los hombres sin remedio, pero no a Marcos. Lo que le había persuadido a abandonar el equipo años antes había sido desechado y ya no era un peso que lo disuadiera de continuar su carrera.

Incluso antes de la conversión de Pablo, Juan Marcos había estado con Jesús de los Diez e incluso en la noche de su arresto. Y ahora, una década después del rechazo de Pablo, Marcos había adquirido experiencia bajo la tutela tanto de Bernabé como posiblemente de Pedro, otro pariente, y una vez más, evidentemente había servido durante algún tiempo también con Pablo (Colosenses 4:10). Años más tarde, según la tradición, serviría como traductor de Pedro en Roma, fundaría la iglesia de Alejandría, se convertiría en su primer obispo y escribiría el evangelio de Marcos.

Unos años después de que Pablo rechazara a Juan Marcos, escribió a la iglesia de Colosas y les dijo que dieran la bienvenida a Marcos, y luego, mientras Pablo esperaba su ejecución en Roma, se sentó a escribir su última carta: la Segunda de Timoteo. Le dijo a Timoteo que Demas, que había empezado bien, lo había abandonado y que solo el doctor Lucas estaba con él. Le pidió a Timoteo que fuera a visitarlo; que le llevara sus libros para leer, sus pergaminos para estudiar, su abrigo de invierno; y que llevara a Juan Marcos porque "me es útil para el ministerio". Pablo, que antes se negaba a entrenar o incluso a trabajar con él, ahora eligió a Juan Marcos como su último compañero de ministerio. Al final de su vida, no recurrió a ninguno de los hombres que había entrenado o nutrido personalmente, sino al que Bernabé había discipulado pacientemente, que empezó mal y terminó bien.

Puntos para reflexionar

- Nuestras iglesias han perdido a muchos hombres porque no hemos tenido la paciencia de tratar con ellos. ¿Conoces a alguno de esos hombres? Yo sí. ¿Qué podemos hacer para recuperarlos?

- Algunos han dicho: "La iglesia es el único ejército en la tierra que dispara a sus heridos". ¿Es ese un buen testimonio para nosotros?

- Cuando un pastor/predicador/trabajador dedicado cae debido a la lujuria, ¿debemos abandonarlo para siempre por ser inútil para Dios y los hombres, o debemos "restaurar al tal con espíritu de mansedumbre, considerándonos a nosotros mismos, para no ser tentados también" (Gálatas 6:1)? ¿Puedes empezar a hacerlo hoy?

Algunos misioneros comienzan bien pero terminan mal

Como dije en la lección anterior, en cualquier vocación algunos comienzan bien y terminan mal, y otros comienzan mal y terminan bien. La Biblia da dos ejemplos misioneros de esta dicotomía en Demas y Juan Marcos, a quienes me referí en la última lección.

Demas estuvo con Pablo y Epafras durante el primer encarcelamiento de Pablo en Roma. Evidentemente, era un compañero de prisión que había elegido sufrir con el apóstol en lugar de disfrutar de los placeres del mundo. Algunos especulan que Demas era de la iglesia de Tesalónica y que dejó a Pablo para volver a su casa, pero nadie lo sabe con seguridad.

Lo que se sabe es que Demas estaba entre los pocos elegidos de los conversos o discípulos de Pablo considerados aprobados y elegibles para viajar con el apóstol y ministrarle. Tuvo que haber algo en su manera, carácter, devoción o potencial que hiciera que Pablo lo invitara a ser miembro del equipo. Hay muchas razones para creer que durante un tiempo, Demas tuvo éxito. Después de todo, a diferencia de Juan Marcos, Pablo nunca despidió a Demas, y Pablo lo había llamado al menos una vez "compañero de trabajo", lo que era una forma de decir que Pablo lo consideraba su colaborador y confidente.

Anteriormente, había estado con Pablo o había sido enviado por él para servir con Lucas y Epafras en Colosas. Pero ahora, en el momento de la inminente muerte de Pablo, declaró que Demas le había abandonado. La palabra que utilizó significa "abandonar" o "dejar desamparado". Policarpo enseñó más tarde que Demas había abandonado a Pablo en Roma poco antes de su ejecución. Así que parece que se quedó cerca del final, pero no hasta el final.

Tal vez deseaba la seguridad de la vida sobre la muerte. Tal vez la comodidad era más atractiva que el sufrimiento. Tal vez su sentido de confianza no estaba en Cristo, sino en Pablo. Incluso hoy en día, muchos abandonan su servicio a Cristo cuando su líder espiritual muere o sucumbe al pecado. No sabemos su razón, pero podemos aprender de su ejemplo. Hoy en día, el 55% de los misioneros que consiguen pasar sus primeros cuatro años nunca vuelven al campo. Su principal razón para abandonar el campo es su incapacidad para adaptarse a la cultura extranjera. Como Demas, empezaron bien y terminaron mal. Juan Marcos, sin embargo, empezó mal y terminó bien. Ojalá todos pudiéramos empezar bien y terminar bien.

Puntos para reflexionar

* *"Porque Demas me ha abandonado..."* es la declaración que le siguió hasta la eternidad. Incluso con todos los éxitos que tuvo, se le conoce por el fracaso. No hay registro histórico de su regreso al servicio. Amó, pero no al Señor, ni a Pablo y sus compañeros, ni al ministerio. Amaba al mundo. No sabemos qué fue lo que redirigió su amor, pero podemos aprender de él y cuidarnos de la influencia de cualquier cosa que nos quite los ojos del Señor. Donde van nuestros ojos, va nuestro corazón. "Oh, tened cuidado con los ojos pequeños de lo que veis...."

* ¿Crees que si Demas tuviera la oportunidad de volver a hacerlo, lo haría de manera diferente? ¿Qué haría de forma

diferente? Piensa en eso por un momento en privado, luego deja esas cosas atrás y avanza por Cristo.

El misionero bíblico frente a nuestro punto de vista moderno

Nos gusta pensar que lo que hacemos es bíblico, pero puede que no lo sea. Sin embargo, decir que algo no es bíblico no significa que sea incorrecto o pecaminoso; solo significa que no se menciona en las Escrituras. Por ejemplo, no hay ninguna referencia bíblica al edificio de una iglesia. La primera no se construyó hasta mediados del siglo III. Tampoco se menciona un ministerio de autobuses, un pastor de jóvenes o una conferencia misionera, pero eso no significa que estén equivocados. Todas son lógicas, útiles y facilitan hacer lo que Dios nos llamó a hacer.

Hay otras cosas, aunque no son pecaminosas, que pueden llevarnos a desviar o incluso olvidar lo que sí tenemos una base bíblica para hacer. Por ejemplo, la iglesia primitiva utilizaba sus diezmos para sostener a sus pastores y misioneros y cuidar de los necesitados y afligidos. Hoy, la mayoría de nuestros diezmos pagan la hipoteca y cubren las necesidades de mantenimiento de nuestros edificios. Eso no es un pecado; necesitamos edificios para albergar a nuestra creciente congregación y protegernos de la lluvia, el aguanieve, la nieve y el calor; pero pueden desviar el propósito que Dios dio al diezmo.

La mayoría de las iglesias gastan mucho más en sus instalaciones que en las misiones. Y muchos pastores estadounidenses ni siquiera reciben un salario porque el diezmo se consume en otras cosas. Gracias a Dios, la iglesia primitiva entendió el propósito bíblico del diezmo, y debido a este entendimiento, *"pusieron el mundo patas arriba"* (Hechos 17:6). ¿Qué hemos hecho nosotros últimamente?

A decir verdad, si no tuviéramos un edificio con calefacción y aire acondicionado, muchos de nuestros miembros más fieles no asistirían. Aquellos que justifican el movimiento americano de las iglesias en casa porque "los edificios de la iglesia no son bíblicos" deberían recordar que los miembros de la iglesia primitiva tampoco iban en coche a sus iglesias en casa. No tenían calefacción ni aire central, ni música grabada para cantar, ni ninguna otra baratija que tipifique el concepto americano de lo que es una iglesia. Ni siquiera tenían formularios de afiliación.

En cuanto a las misiones, pensamos que es simplemente enviar a algunos de nosotros a algunos de ellos, moviendo a los predicadores como piezas de ajedrez del punto A al punto B. Esperamos que el misionero vaya, supervise una iglesia establecida o tal vez comience una, lo que estadísticamente es extremadamente raro, y luego permanezca allí (lo que es menos de un 6 por ciento de probabilidad) hasta que se retire o muera. Entonces su junta directiva lo sustituirá por otro de nosotros. ¿Dónde se encuentra ese modelo en la Biblia?

Puntos para reflexionar

- ¿Comprendes la diferencia entre no bíblico (sin ejemplo o mención bíblica) y no bíblico (contrario a la enseñanza bíblica)?- ¿Es no bíblico o antibíblico que un misionero no sea plantador de iglesias?

- Algunos sostienen que es antibíblico apoyar a los misioneros nacionales en lugar de los estadounidenses. ¿Puedes pensar en un solo versículo que afirme o implique esa enseñanza? Si no, entonces es antibíblico decir: "Es antibíblico apoyar a los misioneros nacionales".

Principios del ejemplo misionero de Pablo

No sabemos cuántos viajes misioneros hizo Pablo ni a dónde fue. La Biblia solo nos habla de tres de sus viajes, y de ellos podemos ver surgir un patrón.

1] **Pablo fue a centros culturales estratégicos.** Desde allí el evangelio podía fluir río abajo, al igual que su comercio, su autoridad gubernamental y su fe pagana.

2] **Pablo nunca fue pastor de una iglesia a largo plazo, que sepamos, aunque sí enseñó y predicó.** Asignó pastores de entre los que viajaban con él, como Timoteo y Tito, o los nombró de entre los nuevos conversos, como Tíquico y Erasto. Pero Pablo nunca solicitó la ayuda de un sustituto judío. Sabía que la mejor persona para llegar a los griegos era otro griego.

3] **Pablo nunca se quedaba mucho tiempo en un lugar.** En Tesalónica, se quedó menos de tres semanas, pero en ese corto tiempo, plantó una iglesia, nombró un líder, y luego se fue. ¿Por qué? Porque bíblicamente, un misionero no es un pastor en un país extranjero; es un plantador de iglesias, que va a cualquier lugar donde el evangelio aún debe ser predicado.

4] **Pablo tenía una base de operaciones.** Pasó mucho tiempo en Antioquía entre los viajes, sirviendo en su iglesia de origen y en Jerusalén, reuniéndose con los hermanos y siendo obediente a sus tradiciones judaicas. También visitaba las iglesias que él y sus discípulos habían iniciado, animando a los creyentes y corrigiendo cualquier error doctrinal y de estilo de vida. Y luego, por supuesto, estaban sus años en prisión, donde escribió sus cartas.

5] **Pablo nunca consideró un lugar como un "extremo de la tierra" después de plantar una iglesia allí.** Ahora era una "Jerusalén" que debía ser plenamente evangelizada por la iglesia local. Luego pasó a convertir más zonas "extremas" en más "Jerusalén".

Finalmente, del ejemplo de Pablo, aprendemos que no se es misionero por el lugar donde se vive o por el tiempo que se vive allí. Se es misionero por lo que se hace y por dónde se hace. Si eres un misionero paulino, eres, ante todo y para siempre, un plantador de iglesias y un discipulador de plantadores de iglesias.

Puntos para reflexionar

- ¿Cuántos misioneros conoces que plantan múltiples iglesias y entrenan a múltiples hombres para hacerlo?

- Se enseña que Pablo siempre fue a ciudades grandes, pero la Biblia demuestra lo contrario. Filipos era una pequeña ciudad de unos 2.000 habitantes, en su mayoría inmigrantes.

- De los 44 lugares que Pablo visitó, la mayoría eran costeros, excluyendo Jerusalén (que no fue una visita misionera), Damasco (mientras se entrenaba), cuatro en Galacia (Iconio, Derbe, Listra y Antioquía) y Berea, que estaba a menos de veinte millas tierra adentro. Treinta y siete de las cuarenta y cuatro eran puertos de mar. Tal vez el hecho de estar en las rutas comerciales y tener acceso a un vuelo rápido jugó un papel más importante que la población.

Pepitas de oro misionero - Conviértete en uno de ellos

Muchos versículos del Nuevo Testamento nos dan una visión y comprensión de las misiones y de la labor del misionero. Una vez descubiertos y asimilados, estos versículos cambiarán la vida del misionero para siempre. Uno de ellos aborda el concepto de que nos convirtamos en "uno de ellos". El planteamiento parece sencillo, pero a la mayoría de los misioneros nunca se les enseña, y por tanto, nunca lo descubren. De hecho, se nos enseña a hacer exactamente lo contrario: enseñarles a ser como nosotros. Por ejemplo, si viaja a cualquier país en desarrollo, verá los campanarios occidentales de los edificios de la iglesia perforando el paisaje local. Les enseñamos a llevar camisa blanca y corbata para ser respetuosos con Dios. Les damos apodos de nuestra cultura, les damos nuestra comida y esperamos que lleven nuestra ropa.

El misionero Hudson Taylor se dio cuenta de que exportar su cultura británica a China junto con el mensaje del Evangelio impedía que algunos chinos aceptaran a Cristo. Muchos pensaban que convertirse en cristiano significaba hacerse británico y adaptar su comida, su ropa y su estilo de vida. En respuesta, se mudó del recinto de la misión a una habitación alquilada. Vestía la ropa de un coolie chino, la clase más baja del pueblo, y se dejaba el pelo largo para hacerse una cola, la coleta que llevan los chinos. Aunque él lo supiera o no, la cola tenía un significado religioso en su cultura.

Taylor fue una vergüenza para sus compañeros de misión y del consejo, que lo repudiaron. Estando solo y sin fondos, inició la Misión

Interior de China. Revolucionó las misiones al llevar el evangelio desde la costa hasta el interior de China, una zona intencionadamente ignorada por los misioneros. Con ello, inició una nueva era de las misiones y un modelo que los misioneros copiaron en todo el mundo.

Taylor no fue el primero en descubrir nuevas ideas sobre las misiones. Probablemente le enseñaron que el nombre de Pablo fue cambiado de *Saulo* a Pablo en el camino a Damasco. El cambio de nombre se produjo años después, en su primer viaje misionero a los gentiles a los que Dios le llamó. Abandonó su nombre hebreo Saulo por el equivalente romano, Pablo. Se identificó intencionadamente con ellos incluso en su persona. Identificarse con la gente fue su primer paso para llegar a ser "todo para todos, a fin de salvar a algunos por todos los medios". E incluso antes de Pablo, el mayor misionero, Jesús, se hizo uno de nosotros para que pudiéramos entender su mensaje.

Puntos para reflexionar

- ¿Estarías dispuesto a adoptar un nuevo estilo de vida, comida, ropa, etc., para ser aceptado y producir fruto para Cristo?

- Los primeros misioneros británicos solteros en África, cuyo mensaje no sería aceptado por venir de extranjeros, se casaron con mujeres africanas para "ser uno de ellos". Y funcionó.

- La cultura occidental es global, así que hay menos que cambiar a menos que se dirija a grupos tribales no alcanzados. ¿Puedes encontrar algunos en línea para orar y apoyar a los misioneros nacionales para llegar a ellos? Viven en sus patios traseros.

La creación de iglesias, el resultado de las misiones

Episodios 19, 23, 25, 31

Dar a luz a nuevas iglesias

Dar a luz es una experiencia doble de trauma y triunfo. Muchas mujeres que dan a luz a su primer hijo encuentran el acontecimiento doloroso, pero al tercer, cuarto o quinto hijo, algunas dan testimonio de que la experiencia pasó prácticamente desapercibida. Independientemente del dolor del parto, apreciamos la relación de amor que nos llevó a ese momento.

Dar a luz a las iglesias es comparable. Algunos lamentan los dolores y tensiones que conlleva el nacimiento de una nueva iglesia. Otros lo ven como una experiencia gozosa para el misionero, cuyas labores dieron lugar a la nueva congregación. Pablo daba a luz a nuevas iglesias en todos los lugares a los que iba y esperaba que sus discípulos hicieran lo mismo. Para él, el proceso de nacimiento era natural: entrar en un pueblo, convertir a los perdidos, reunir a los convertidos en una congregación, y luego discipularlos hasta una madurez razonable para que puedan hacer lo mismo.

Muchos misioneros nunca comenzarán una nueva iglesia. Consideran la tarea como algo que debe evitarse. Otros cometen el error de transportar a los nuevos conversos a sus servicios desde kilómetros de distancia por el bien de los números, en lugar de dar a luz una nueva congregación en su área. Y otros se ven obstaculizados, al ceder a la distracción de detalles innecesarios, incluyendo si hay suficiente dinero; suficientes trabajadores; un edificio disponible; y fondos disponibles para asientos, letreros y cancioneros. Estas preocupaciones nos impiden reunir a los nuevos conversos para que tengan comunión, oren, estudien y se animen unos a otros. Verdaderamente, si nos preocupáramos tanto por la logística de dar a luz a un nuevo bebé como de dar a luz a una nueva iglesia, la ciudad de Nueva York sería conocida como New York Village. El método de Pablo consistía en plantar nuevas congregaciones en los hogares de los nuevos conversos para que desde allí pudieran ser la iglesia en su comunidad. No tenía costes de puesta en marcha.

Empezar una nueva iglesia debería ser tan natural como añadir un nuevo miembro a la familia. Donde hay amor, la realidad de un embarazo es siempre una bendición. Cualquier sacrificio que se haga en beneficio del nuevo hijo se acepta con gusto. Del mismo modo, dar a luz a una nueva iglesia debería traer alegría, independientemente de los sacrificios que el equipo de padres-misioneros o la congregación deban aceptar para beneficiar a la iglesia recién nacida. Dios quiere que el mundo entero se llene del conocimiento de su gloria. Su método para lograr esto es expandir Su familia en cada comunidad a través del nacimiento de nuevas iglesias.

Puntos para reflexionar

- Una familia no crece dividiendo un hijo en dos; el plan de Dios es la multiplicación, no la división. Lo mismo ocurre con el nacimiento de nuevas iglesias. Una división de la iglesia no es una nueva iglesia; más bien, es la continuación de una sola congregación dividida que no pudo o no quiso reconciliarse.

- Los nuevos bebés son concebidos sin anuncio, anticipación o conocimiento. Así también, las nuevas iglesias a menudo nacen sin intención o expectativa. Un convertido, siendo discipulado, atrae a otros y pronto, tienes una congregación (iglesia). No se necesitan nueve meses.

* ¿Has participado alguna vez en el nacimiento de una nueva iglesia? Miles de millones de bebés han nacido en *casa* hasta que la "civilización" determinó que podíamos hacerlo mejor en un hospital. Así también, los misioneros comenzaron la mayoría de las iglesias en un *hogar* hasta que nos enseñaron que es mejor tener un ambiente más planificado, organizado y estéril para el nacimiento. El método occidental prepara al bebé antes del nacimiento, esperando su llegada. El ejemplo bíblico acepta al bebé cuando y donde nace y luego lo nutre con lo que necesita. Normalmente, todo lo que necesita durante un tiempo es el alimento de quien lo ha dado a luz.

Nacimiento de iglesias, y luego su abandono

A menudo hablamos de crear nuevas iglesias, pero ¿qué pasa con la maduración de las mismas? Algunos consideran que los pastores nacionales son ignorantes en comparación con los occidentales "educados", pero no han tenido el cristianismo durante miles de años para guiar y afectar a su cultura. Tampoco han tenido escuelas de enseñanza superior para ahogar su celo en profundas charcas de debates teológicos. A nivel mundial, muchos pastores y la mayoría de los cristianos ni siquiera tienen una Biblia, pero sí saben amar.

La responsabilidad del misionero es fundar la iglesia, ya sea estadounidense o nacional. El deber del misionero es también proporcionar un pastor cualificado para pastorear la nueva congregación. No es su deber ni su derecho mantener perpetuamente estas nuevas congregaciones bajo su control. El pastoreo es como la crianza de los hijos. Guiamos y enseñamos a nuestros hijos mientras son ignorantes, inmaduros e inexpertos. A medida que maduran, nuestros métodos y contexto de crianza cambian. No debemos esperar que permanezcan bajo nuestro control toda la vida. Si lo hacen, nuestra crianza ha fracasado. O bien no hemos sabido criar con eficacia, o bien nuestra necesidad de que nos necesiten nos ha llevado a dificultar su madurez intencionadamente.

A lo largo de los siglos, y aún hoy, muchas iglesias nacionales pasan de amar al misionero y depender de él para todo a resentirlo porque no les deja ir, crecer y dirigir sus propias iglesias.

Los conquistadores mantienen un control perpetuo y a la fuerza; los pastores guían con amor y paciencia. Si debemos permanecer al mando porque, supuestamente, no podemos confiar en los nacionales, disminuimos la obra del Espíritu Santo e insultamos nuestros propios logros. El tiempo debe traer la madurez y, con ella, la autoridad. Considere que Pablo dejó todas las iglesias que comenzó, pero dejó a los pastores nacionales para guiarlos. Las instrucciones que dio después, es decir, corregir el error doctrinal y alentar el comportamiento piadoso, fueron dadas desde la distancia y comunicadas a ellos a través de las cartas que envió a través de sus pastores. Si una iglesia necesita corrección, mejor que sea por su ignorancia que por nuestra arrogancia.

Puntos para reflexionar

- Al igual que una madre proporciona el único alimento a su bebé, el misionero hará lo mismo con la iglesia infantil durante un breve periodo de tiempo. Al seguir adelante, no abandona a la congregación que empieza a caminar, sino que nombra a otros para que cuiden de la iglesia en crecimiento. Son los dones de maduración que Dios menciona en el capítulo cuatro de Efesios. Profetas (predicadores), evangelistas para hacer crecer la congregación, pastores para pastorearla y maestros.

- Toda pareja desea que su bebé madure física, emocional, espiritual y mentalmente. Así también es nuestro deseo para las iglesias recién nacidas. Un padre no puede hacerlo todo; se necesita una madre, un padre, abuelos, hermanos, etc. El misionero puede dar a luz a la iglesia; ese es su trabajo, pero si no permite que los demás hagan el suyo, el bebé seguirá siendo un bebé. Y el misionero no logrará producir más bebés.

Evangelismo inmediato a la salvación

Algunos enseñan que la madurez espiritual debe preceder al evangelismo y a la plantación de iglesias; enseñan que una nueva congregación no debe iniciar otras iglesias hasta que sea madura en la fe. La pregunta es, ¿en qué momento cualquiera de nosotros es completamente maduro? El Nuevo Testamento habla de nuestra llegada a la madurez espiritual solo cuando estamos finalmente en la presencia de Dios. Por ahora, cualquier paso a lo largo de ese viaje es solo eso -un paso- no una llegada.

Otros creen que cuando una persona acepta a Cristo, es capaz y debe compartir su conversión con amigos, familiares e incluso extraños con la esperanza de llevarlos a Cristo. No los está llevando a la madurez espiritual, sino a una fe plena y salvadora solo en Cristo, sin depender ya de sus antiguos dioses, ídolos o buenas obras. Andrés, tras su conversión, buscó inmediatamente a su hermano Simón Pedro y lo llevó a Cristo.

El primer grupo cree que no se puede testificar y plantar iglesias hasta que se sepa todo lo que hay que saber. El segundo grupo cree que una semilla plantada en tierra fértil crecerá y producirá frutos, ya sea plantada por un agrónomo con un doctorado o por un campesino analfabeto. Una semilla en la tierra es una semilla en la tierra.

El encargo de Cristo es cubrir la tierra con el conocimiento de su gloria. Esta semilla espiritual, al ser dispersada, dará fruto, más fruto, mucho fruto y fruto que permanezca, como pidió el Señor en su oración. La idea de que debemos dejar la evangelización y la plantación de iglesias a unos pocos educados y ordenados ha obstaculizado durante siglos la difusión del cristianismo.

Aunque educado y ordenado, Pablo era un fabricante de tiendas de profesión, un hombre que persiguió a los cristianos y habría estado entre los que condenaron a Cristo. Sin embargo, tras su conversión, predicó inmediatamente y de forma continuada en Damasco y fue el gran responsable del crecimiento espontáneo del cristianismo.

Santiago, Juan, Pedro, Mateo y todos los demás, que habían vivido con Cristo durante años, fueron testigos personales de todo lo que hizo y escucharon todo lo que enseñó, y sin embargo se contentaron, durante un tiempo, con quedarse en casa en lugar de ir por todo el mundo como se les había ordenado. Tal vez viviendo en una ciudad con miles de cristianos, todavía veían a Jerusalén como "su" campo de *misión* en lugar de un campo de *ministerio*. Gracias a Dios, Pablo no estaba entre ellos. ¿Lo estamos nosotros?

Puntos para reflexionar

- Dar testimonio es la expresión natural de nuestra fe, por lo que estamos tan agradecidos y encantados que no podemos callar. Papás, ¿han dicho alguna vez a su hijo: "Te quiero, y mamá también te quiere"? Fueron testigos de su amor por ellos. Ser testigo del amor de Dios por el mundo no es más complicado que eso.

- Como estadounidenses, a menudo damos a luz a nuevas iglesias incitando a los conversos a pasar de una cuna a otra. *¡Eso es un secuestro!* La manera en que Dios hace nacer nuevas iglesias es produciendo nuevos bebés; a eso lo llamamos evangelizar y reunir a los nuevos conversos en una nueva guardería.

¿Qué es la siembra de iglesias?

Creo que un misionero es, o al menos debería ser, un plantador de iglesias. Pero algunos se sienten confundidos por esa terminología, así que permítanme explicarlo.

Cuando se dio la Gran Comisión, no fue simplemente para inspirar a los creyentes a ir por todo el mundo a dar testimonio. Como cristianos, a menudo nos equivocamos enfatizando solo la parte inicial del mandato de Cristo e ignorando el resto. Consideremos que la comisión de ir a todo el mundo y predicar el evangelio va seguida de una coma, no de un punto. En otras palabras, el segmento "id" no era un pensamiento completo, sino parte de un pensamiento completo. El resto del verso nos dice que debemos bautizar a los convertidos. Y de hecho, alguna enseñanza debe tener lugar para que el nuevo creyente entienda por qué debe ser bautizado y cómo debe ser bautizado.

Luego el pasaje nos dice que les enseñemos a observar todas las cosas que Cristo nos mandó en la Biblia. ¿Cómo pueden observar Sus preceptos y mandamientos si no se les enseña lo que son? Esta enseñanza es donde los pastores entran en el plan de Dios de dominio global como se encuentra en Efesios 4. A través de su pastoreo y enseñanza, perpetúan las iglesias que se han iniciado.

Estas reuniones locales, que resultaron de la obediencia a Su comisión, fueron llamadas más tarde iglesias, que significa "asambleas" -un término griego que significaba lo que ellos llamarían una reunión de ayuntamiento. Es decir, era el acto de un grupo de personas con ideas afines en un área local que se reunían con un propósito. En el caso de la iglesia, el propósito era adorar a Cristo, enseñar Su Palabra, cantar Sus alabanzas, y multiplicarse en nuevas congregaciones repitiendo el proceso hasta que todo el mundo haya tenido la oportunidad de conocerlo, seguirlo, y ser parte de una de Sus asambleas locales.

Así que, como ves, una iglesia plantada es una asamblea de creyentes recién salvados y bautizados que se reúnen regularmente para adorar bajo el liderazgo de un pastor. No tiene nada que ver con el alquiler de un local, la compra de sillas, la instalación de un sistema de P.A., la impresión de folletos y el anuncio de una fecha de inicio. Así es como se inicia una corporación, no una iglesia. Plantar una iglesia es como dar a luz a un bebé; requiere amor y paciencia, y el bebé llegará cuando esté listo, y no hasta entonces.

Puntos para reflexionar

- Todavía hay lugares en los Estados Unidos que están vacíos de una buena congregación. Los bebés dispersos y abandonados que ya están allí necesitan alimento, así como los que esperan escuchar el evangelio. ¿Puedes ayudar a iniciar una nueva iglesia? ¿Sabes dónde se necesita una?

- ¿Empieza a ver la genialidad del método simplista de Dios para plantar nuevas iglesias? Todos tenemos nuestro papel. Si jugamos bien juntos, las nuevas iglesias nacen, maduran y se reproducen. Si no jugamos bien y todos queremos hacer la parte de los demás y no la nuestra, lucharemos por sobrevivir, y no habrá nietos que lleven Su nombre. Ya hay más de 5.000 iglesias estadounidenses que cierran cada año. ¿Qué seguridad tiene la tuya?

En qué nos quedamos cortos en las misiones

De qué sirve la traducción sin distribución

Los primeros misioneros de nuestra época comprendieron que no podían tener un impacto duradero en los ciudadanos de sus tierras, ya fueran curiosos o conversos, a menos que la gente tuviera la Palabra de Dios en su propio idioma. Muchos misioneros famosos dedicaron gran parte de su tiempo a la labor de traducción. Adoniram Judson tradujo y fue a la cárcel para conservar la Biblia birmana. Henry Martyn y su compañero, John Marshman, tradujeron el Nuevo Testamento al hindi y al persa. Supervisaron y colaboraron en la traducción de toda la Biblia y de partes de la misma en siete idiomas.

En 1925, el autor David Brown escribió sobre sus esfuerzos y celo en la producción de traducciones de la Biblia. Reconoció que, en algunos idiomas, sus traducciones eran "inigualables". Por el contrario, otras traducciones fueron "llevadas a la imprenta sin saber una palabra de ellas ni poder leer los caracteres en que están escritas".

Otros traductores misioneros, desconocidos o poco recordados por el hombre moderno, viven ahora eternamente como leyendas en el cielo, al haber traducido la Palabra de Dios en las lenguas de los imperios, las sociedades e incluso las pequeñas tribus a las que sirvieron. Como los primeros misioneros británicos a los indios americanos, muchos traductores dieron su vida para traducir la Biblia a lenguas que ya no se hablan. Sin embargo, los que hablaban su lengua en aquellos días ahora moran en el cielo para siempre.

Los eruditos judíos creen que Moisés escribió en egipcio, Job escribió en acadio y Salomón tradujo las Escrituras a muchos idiomas, incluido el hebreo antiguo. Tras la división de Israel, gran parte de Judá hablaba sumerio, y Daniel tradujo más tarde las Escrituras al caldeo, sumerio y persa. Finalmente, Esdras la tradujo más tarde al hebreo "moderno". A partir de las obras de Daniel y Esdras, la Septuaginta griega fue finalmente compilada y utilizada por Jesús en su ministerio terrenal.

Sea cual sea el momento y la forma en que lo hicieron, los primeros misioneros comprendieron y estuvieron de acuerdo en la urgencia de traducir la Biblia a las distintas lenguas de su tiempo. Entonces, ¿por qué no sentimos la urgencia de distribuirla a nuestro mundo en nuestros días? ¿Cuándo dejó de ser importante para nosotros distribuir la Palabra de Dios? ¿Y por qué?

En Final Frontiers, dedicamos enormes esfuerzos y recursos a proporcionar una copia de la Palabra de Dios a los pastores y creyentes que no la tienen, especialmente en los países islámicos. Esperamos que te unas a nosotros en esta gran aventura.

Puntos para reflexionar

- ¿Te sorprende que Carey imprimiera Biblias que no podía leer ni verificar su exactitud? La mayoría de los misioneros estarían de acuerdo en que, aunque preferimos traducciones correctas, una inadecuada (por ahora) es mejor que nada. ¿Te resulta difícil de aceptar, o estás de acuerdo?

- En tu opinión, ¿fue una pérdida de tiempo que los misioneros tradujeran las Escrituras para lenguas que ya no existen?

- Si las versiones y traducciones son tan importantes para nosotros, ¿por qué crees que no hacemos hincapié en la impresión y distribución? ¿De qué sirve una Biblia guardada en un estuche dentro de un almacén?

- Final Frontiers tiene una rama del ministerio llamada Smugglers, que imprime, contrabandea y distribuye Biblias por todo Oriente Medio, desde Marruecos hasta Pakistán. También hacemos lo mismo en otras regiones del mundo. Más información en www.FinalFrontiers.world

Hacer conversos a nuestra imagen y semejanza

Después de su partida, Pablo escribió a las iglesias que los falsos maestros se habían infiltrado y habían engañado a los creyentes. Él había enseñado la doctrina de la salvación por la sola gracia, y en su ausencia, ellos estaban imponiendo su doctrina de las obras mediante el cumplimiento de las leyes religiosas judías. Estos falsos maestros se dieron cuenta de que no podían detener a Pablo ni diluir su celo, así que cambiaron sus tácticas siguiéndole, a veces pervirtiendo, a veces denunciando su mensaje.

Los falsos maestros hicieron que los recién convertidos griegos y celtas de las iglesias de Gálata dudaran de su salvación por la circuncisión. Pablo se enfadó tanto que escribió en Gálatas 5:12 que si estos maestros querían exigir la circuncisión (el corte de la carne), deseaba que llegaran "hasta el final" con su herejía, y dieran ejemplo castrándose de verdad. En nuestros días, la *circuncisión* ya no es un problema, pero como misioneros, entendemos la frustración causada por los maestros que nos siguen y que subvierten nuestra enseñanza.

Entre nuestros hermanos evangélicos, las divisiones no suelen producirse por la doctrina, sino por opiniones e interpretaciones torcidas que disfrazamos de doctrinas. Cuestiones como el estilo de vestir y las preferencias musicales tienden a dividir nuestras iglesias y a diluir nuestro celo, desplazando nuestro fervor del evangelismo a preferencias no esenciales. Cuando era niño, mi pastor enseñaba que era pecado trabajar el domingo, pero ¿acaso su predicación no era trabajo para él? ¿Y qué hay de salir a comer después de la iglesia? Los empleados del restaurante tenían que trabajar para que él pudiera comer. Pervertimos la Palabra de Dios cuando insertamos nuestras interpretaciones. Predicamos preferencias personales como doctrina y juzgamos a los que no están de acuerdo como liberales, espiritualmente inmaduros o pecadores. No es de extrañar que nuestros miembros maduros se vayan y busquen pastos más verdes para pastar.

Eventualmente, nuestro mensaje será superado por otros que enseñan doctrina bíblicamente validada. Enseñar nuestras preferencias como si fueran la Palabra de Dios es *perjurio*, es decir, afirmar que Él dijo algo que no dijo. Los misioneros a veces inconscientemente enseñan las preferencias de su cultura como doctrina en otras culturas. Hacerlo puede ser extremadamente dañino.

Por lo tanto, la Gran Comisión implica algo más que ganar almas. Debemos predicar y hacer discípulos, no a nuestra imagen cultural o nacional, sino a la suya.

Puntos para reflexionar

- ¿Te sorprende el tono de Pablo al sugerir la castración? Parece "poco cristiano" tener una respuesta así, pero Pablo enfatizó su enojo con aquellos que dañan a las ovejas alimentándolas con veneno.

- Como padres, podemos tener diez hijos, pero nos deleitamos en la singularidad de cada uno mientras esperamos la obediencia de todos.

- ¿Cómo ha afectado a tu familia y a tus relaciones la enseñanza de las preferencias como doctrina?

- ¿Cómo corrigió Pablo las falsas enseñanzas? ¿Puedes dar un ejemplo? (pista: las Epístolas)

Una orden que se pasa por alto

A menudo vemos la Gran Comisión como nuestras órdenes de marcha generalizadas, diciéndonos que vayamos pero no a dónde ir. Esto se debe a que entendemos mal la palabra *nación*. Si aceptamos que es un sinónimo de la palabra "país", entonces la Gran Comisión se ha cumplido hace mucho tiempo, es decir, hasta que nazca un nuevo "país". Pero cuando entendemos que la palabra dada por Cristo no era "país" sino *ethnos*, que significa "pueblo, tribu, grupos étnicos o clanes", entonces nos damos cuenta de que nuestra tarea aún no ha terminado. Pero, ¿por qué?

De 195 países, el 30 por ciento de todos los misioneros bautistas independientes viven en solo cinco. Debido a que muchas familias misioneras están agrupadas, 72 países no tienen ni siquiera una familia misionera. ¿Por qué Dios nos dice que vayamos a todo el mundo y luego solo nos llama a unos pocos países? Porque la mayoría de las veces, Él nos llama a un pueblo, no a un país. Me explico:

Con 206 familias, México es el segundo país con mayor número de misioneros. La mayoría, si no todos, han sido formados para llegar solo a los que hablan español. Pero allí viven decenas de otros grupos étnicos que no hablan español.

Por ejemplo, el 22% de la población -más de 28 millones de almas- ¡se identifica como *indígena* y no mexicano! De estos 28 millones de almas, 64 lenguas son reconocidas como indígenas. Esta cifra incluye 17 tribus con más de 100.000 personas y otras 47 tribus o clanes con menos. Sin embargo, en la mayoría de los casos, si algún misionero devoto encuentra y evangeliza a una sola de estas tribus, no es porque le hayan enseñado que estaban allí; es porque se tropezó con ellas o escuchó de ellas y las buscó intencionalmente.

Dios nos dijo que fuéramos a todas partes, así que me pregunto por qué aparentemente llamaría a tantos misioneros a un país y a ninguno a otros. O muchos misioneros no van a donde Dios quiere que vayan, o los que Dios quiere que vayan no van. Además, aunque vayamos como *misioneros* de nombre, casi siempre vamos como *pastores* en la práctica. Es difícil, incluso imposible, que un pastor vaya de un lugar a otro continuamente, pero Pablo nos enseñó que hacerlo es imprescindible para un misionero. ¿De qué otra manera podrá el mundo entero escuchar el evangelio? Enviar misioneros para que actúen como pastores puede parecer un buen plan; pero no es el plan de Dios.

Puntos para reflexionar

- Es lógico que si un misionero sirve como pastor sedentario, no puede plantar nuevas iglesias. Entonces, ¿por qué está allí? ¿Cuál es su llamado? ¿Qué es lo que debe lograr?

- ¿Por qué cree que los misioneros se agrupan en lugar de ir a más países?

- Enumera los cinco países donde vive el 30% de nuestros misioneros. [Respuesta: Brasil 253, México 206, Reino Unido 112, Filipinas 118 y Canadá 104.]*.

*Fuente: Misionero Gil Anger, www.reachingbeyondborders.org; 2010.

No podemos llegar a los que han fallecido

Me encanta la historia. Siempre que tengo ocasión, disfruto mirando fotografías antiguas y observando las modas, las tecnologías y la arquitectura de las generaciones pasadas. Pero, sobre todo, me encanta estudiar sus rostros. Me fascinan las expresiones faciales de los jóvenes y los ancianos, los tiernos y los curtidos. En sus ojos, puedo ver a algunos sumidos en el deleite de su día, y otros están inmersos en una pena que parece abrumadora. Algunos sonríen, otros lloran. Algunas son tan mundanas como la de un viejo y arrugado vaquero apoyado en la rueda del carro mientras bebe una taza de café, y otras tan traumáticas como la de una masacre en tiempos de guerra de cadáveres y rostros destrozados, congelados para siempre en la insoportable agonía de las garras de la muerte. Pero no importa la foto, una pregunta siempre invade mis pensamientos; no puedo evitar preguntarme si esa persona, ahora en los dominios de la eternidad, conocía a Jesús como su Salvador.

Sabemos que es demasiado tarde para hablarles de Jesús, dar un testimonio personal o enviar un misionero a su choza en la selva, a su granja en la pradera o a su tugurio en la ciudad. El tiempo los ha alejado de nuestro alcance. Solo volveremos a ver sus rostros en la sala del cielo. La verdad es que todo lo que podemos hacer es intentar llegar a los que están vivos en nuestros días. Hacerlo no es una tarea pequeña ni, una vez completada, insignificante. ¿Por qué? Porque estadísticamente, más de la mitad de las personas que han vivido están vivas hoy.

¿Qué significa esto? Significa que tú y yo tenemos la oportunidad de llegar a más de la mitad de todos los hombres, mujeres y niños que han vivido.

Sea cual sea el fracaso que hayan permitido nuestros antepasados, sea cual sea la falta de celo que les haya estorbado, sea cual sea la codicia por las riquezas temporales que les haya distraído, los que han pasado han pasado sin remedio. ¿Cuántos eran? Solo Dios lo sabe, pero de todas las personas que vivieron desde el año 30 d.C. hasta hoy, el 67% nunca oyó el nombre de Jesús ni su evangelio.

Debemos tener dos objetivos en las misiones. Primero, debemos apuntar específicamente a aquellos que nunca han escuchado Su evangelio. Y segundo, debemos enseñar a todos los creyentes en cada iglesia en cada país a hacer lo mismo.

Puntos para reflexionar

- ¿Cuántas generaciones de tus antepasados conocieron a Cristo como Salvador?

- ¿Qué pasos estás dando para asegurar que cada generación que te sigue escuche?

- ¿Puedes encontrar un grupo de personas en algún lugar del mundo y hacer que sea tu responsabilidad llevarles el evangelio? Tenemos plantadores de iglesias nacionales que viven cerca de muchos de ellos. Tienen el mensaje pero solo les falta el combustible para llegar a ellos. (Consulta www.joshuaproject.net)

El Mayor Mandamiento y el Gran Mandamiento

Jesús no solo nos dio la Gran Comisión, sino que también nos dio el Mayor Mandamiento: *"Amarás al Señor tu Dios con todo tu corazón, y con toda tu alma, y con todas tus fuerzas, y con toda tu mente; y a tu prójimo como a ti mismo"* (Lucas 10:27). El encargo y el mandamiento son codependientes.

Antes de partir hacia la gloria del cielo, nuestro Señor era seguramente consciente de la bienvenida que le esperaba. Sea cual sea el medio de celebración en el cielo, ya sea tarta, globos o fuegos artificiales, puedes estar seguro de que los ángeles habían preparado una celebración como nunca antes habían tenido. Cristo estaba a punto de ser recibido en toda su gloria. El Hijo de Dios volvía a casa. El Niño del Cielo estaba a punto de saludar a su Padre y ser adorado por su creación. Qué emoción, qué anticipación debe haber tenido.

Sin embargo, en ese momento, dio una orden de partida a sus seguidores, una que pondría la guinda a su ministerio terrenal. Su directiva era que fueran, predicaran, bautizaran y enseñaran a sus conversos para repetir el proceso en y para cada generación venidera de forma perpetua. Para asegurarse de que todos los seguidores presentes y futuros lo hicieran correctamente, dejó la tarea en las manos capaces de aquellos a los que amaba y en los que confiaba, disponiendo que el propio Espíritu de Dios ungiera su ministerio, al igual que había ungido el de Cristo. Los equipó, declarando que todo el poder que había utilizado para crear el universo era ahora suyo. Por su obediencia, demostrarían que amaban al Señor su Dios con todo su corazón, alma, fuerza y mente. Al evangelizar a sus vecinos y más allá, demostraron que tenían el mismo amor por los demás que tenían por ellos mismos.

La Gran Comisión y el Mayor Mandamiento son inseparables. Si amamos a Dios, le obedeceremos. Si amamos a los demás como nos amamos a nosotros mismos, les advertiremos de su inminente perdición eterna y les presentaremos con entusiasmo el evangelio de Cristo. Pero si ignoramos Su Gran Comisión, entonces también ignoramos Su Mayor Mandamiento. Nuestra inacción ahora declara que elegimos estar algún día ante Dios en desobediencia. Puede que lo amemos entonces, contemplando su gloria, pero ciertamente no lo amamos mientras somos mortales... ni amamos a nuestro prójimo como a nosotros mismos.

Puntos para reflexionar

- Pensamos que nuestra celebración en el cielo será alegre, pero me pregunto si la culpa por nuestros fracasos deliberados aquí se aferrará a nosotros durante un tiempo allí. Después de todo, allí habrá lágrimas que Él podrá enjugar.

- Imagina por un momento la gloriosa y grandiosa entrada de Cristo. Si el regreso del hijo pródigo produjo tal celebración, imagina el regreso del Hijo Perfecto.

- ¿Cómo indica tu vida a los observadores cuál de los mandatos consideras que es el más grande?

Que te calienten y te alimenten, pero no por mí

Santiago, el pastor de la iglesia de Jerusalén, fue quizás el primer pastor de la historia, y también era el hermano menor de Jesús. Cristo entrenó a los discípulos durante unos años, pero Santiago vivió con Él la mayor parte de su vida. Imagínate lo que aprendió de su hermanastro mayor, tanto de palabra como con el ejemplo. Tal vez por eso Santiago nos dice que la religión pura se demuestra, no por la educación teológica o la posición, sino por el cuidado de las viudas, los huérfanos, los encarcelados (normalmente injustificados en aquella época) y los necesitados.

Reveló la hipocresía farisaica de la llamada clase religiosa al reprenderla por su inacción. Les dijo: "Aunque tengáis un amplio guardarropa, veis a los desnudos y les decís: 'Que Dios os bendiga, rezaré para que recibáis algo de ropa', pero los despedís todavía desnudos. Ves a los hambrientos y les dices: 'Dios, bendícelos, rezaré para que reciban comida', pero los despides aún hambrientos, sabiendo que la despensa de tu cocina está rebosante". En esencia, estaban diciendo a los necesitados: "Ruego a Dios que te envíe a alguien para vestirte y alimentarte, pero no a mí".

Nos gusta leer este pasaje porque nos hace sentir más espirituales que los hipócritas a los que reprendió. Pero debo preguntarme por qué Santiago menciona solo dos categorías: comida y ropa. ¿Son las únicas categorías por las que debemos demostrar nuestra fe con nuestras obras? Creo que este principio se aplica a todos los ámbitos de nuestra vida (proporcionar asistencia sanitaria, pagar una factura a un desempleado, cuidar a una madre soltera en el trabajo, etc.). Si oro para que se supla tu necesidad mientras ignoro que Dios ya me ha dado la capacidad de suplirla, ¿no soy tan culpable como aquellos a los que Santiago reprendió? ¿Y tú?

Al lado de la cama y en los bancos de la iglesia, oramos por las almas perdidas, por nuestras familias, nuestros trabajos, nuestro país y los misioneros, pero cuando se nos da la oportunidad de aplicar *las obras de dar a nuestras oraciones de fe*, ¿por qué vacilamos, dando poco o nada? El apóstol Juan también conocía bien a Jesús, pero donde Santiago hizo una declaración sobre el tema, Juan hizo una pregunta: "Si posees bienes terrenales y, viendo a un hermano necesitado, no le ayudas, ¿cómo puedes afirmar que el amor de Dios vive en ti y a través de ti?". (I Juan 3:17).

Puntos para reflexionar

- Muchos miembros de la iglesia oran por los misioneros pero nunca dan para ayudar. Hacen promesas al fondo misionero de la iglesia pero nunca lo cumplen. ¿Qué valor tiene esa oración?

- Nunca hagas una promesa sin cumplirla. Nunca retrases el cumplimiento de una promesa que puedes pagar hoy.

- ¿Hay alguien en tu iglesia que tenga una necesidad física o financiera que puedas satisfacer? ¿Por qué no te ofreces como voluntario para atenderlo? Imagina la bendición que serás. Imagina el ejemplo que dará a tus hijos.

- Cuando se trata de ayudar a otros, recuerda que los deseos no son necesidades. Si podrían haber satisfecho sus propias necesidades, pero han malgastado los fondos en otro sitio, la suya no es una necesidad que deba preocuparte.

- ¿Qué necesidad ha satisfecho alguien por ti?

Reflexiones sobre la visión tradicional de las misiones frente a la visión bíblica

Episodios 13, 17, 22, 24, 26, 39

Llegar no es el fin; es el principio

Para una persona ajena a los protocolos misioneros de la iglesia, parecería que el propósito principal de apoyar a los misioneros es llevarlos al campo misionero.

Los misioneros suelen anunciar el porcentaje de apoyo que han recaudado hasta el momento, pero rara vez te dicen la cantidad de fondos que planean recaudar. Luego te dicen lo que planean hacer una vez que finalmente recauden el apoyo necesario. No es lo que nos dicen lo que me preocupa, sino lo que no nos dicen.

Cuando un misionero dice: "He recaudado "x" por ciento de mi apoyo, y tan pronto como consiga el resto, nos vamos", entonces la inversa de lo que está diciendo es que si por alguna razón no consigue el resto de los fondos que está buscando, entonces no se va, se queda en casa. Pero el propósito de dar a las misiones no es simplemente llevar al misionero al campo; es financiarlo para que predique, discipule a los convertidos, plante iglesias y entrene pastores, una vez que llegue allí.

Como misioneros, se nos enseña a comercializar nuestro ministerio a las iglesias utilizando videos o fotos llamativas de lugares de interés cultural, paisajes inusuales, exhibiciones profesionales que muestran baratijas nativas, moneda local y artículos de interés de la tierra a la que planeamos ir.

Pero la mayoría de las iglesias en las que presentamos nuestro llamamiento no se dan cuenta de que, de todos los que empiezan una diputación, hasta el 43% nunca la terminará. Supongo que eso responde a la pregunta de qué harán si no recaudan la cantidad deseada. Quizás si las iglesias valoraran la experiencia por encima de las buenas intenciones y exigieran un periodo de prácticas para ser aprobado y apoyado como candidato a misionero, esas estadísticas mejorarían.

La financiación de las misiones debería ser una empresa conjunta entre un misionero experimentado y las familias e iglesias que lo apoyan. El hecho de que baje del avión en su destino no es el fin, solo un buen comienzo.

Puntos para reflexionar

- ¿Cuántos hombres conoces a los que tu iglesia apoyó y que nunca llegaron al campo? Si tu respuesta es ninguno, no te sorprendas porque ese fracaso suele considerarse innecesario exponerlo a las iglesias. Los pastores no quieren avergonzar al candidato a misionero.

- Cuando los misioneros recaudan apoyo, están recaudando tanto apoyo "personal" (o familiar) como apoyo "ministerial". Esto hace que la cantidad necesaria sea mayor que la que ganan la mayoría de los miembros de la iglesia y los pastores. Para aliviar el choque, a los misioneros se les enseña a utilizar porcentajes en lugar de cantidades.

- Por lo general, ¿qué se aprende sobre el país, la gente o la familia misionera al ver sus exhibiciones? ¿Son ayudas informativas o baratijas interesantes.

La duración de la vida de los misioneros ha cambiado

En los primeros cien años de expansión misionera desde Gran Bretaña, el promedio de vida de un misionero era de solo seis años. El promedio era tan largo solo porque un misionero logró sobrevivir 17 años, haciendo desaparecer la curva. La muerte para los misioneros y sus familias era tan segura que cuando los misioneros subían a sus barcos para salir de Inglaterra, empacaban sus pertenencias, no en cajas de transporte, sino en ataúdes-uno para cada miembro de la familia.

La familia y los amigos los acompañaban hasta el muelle cantando himnos significativos y favoritos, llorando y saludando mientras su barco se desvanecía en la lejana curvatura del globo, sin esperar y apenas permitir a sus mentes el pensamiento esperanzador de volver a ver a sus seres queridos. Muchos murieron a bordo del barco tras varias semanas de viaje antes de llegar a las costas occidentales del África subsahariana.

En aquella época se llamaba a África el "continente oscuro" y el "cementerio del hombre blanco", en referencia a la inevitable muerte por una serie de enfermedades tropicales tan comunes en el aire estancado de las selvas. Los indígenas soportaban esas enfermedades con mucho riesgo, pero los extranjeros no tenían inmunidad natural y eran rápidamente vencidos. Las sociedades misioneras acabaron prohibiendo a sus misioneros aventurarse en el interior de África, obligándoles a vivir solo y siempre en las regiones costeras "más frescas", donde podían vivir más tiempo y con mejor salud. David Livingstone se ganó la fama internacional porque abandonó las costas obligadas para adentrarse en el interior y se puso en contacto con una gran cantidad de grupos tribales desconocidos a los que aún no había llegado Cristo. Al hacerlo, también resolvió el milenario misterio internacional sobre el nacimiento del río Nilo. Más tarde murió de malaria y disentería.

Como muchos otros, he sufrido personalmente malaria, fiebre tifoidea, zika, chikungunya, disentería, gripe, intoxicación alimentaria, mal de altura, mordeduras venenosas y un sinfín de otras enfermedades y dolencias. No obstante, gracias a los avances en la atención médica, los misioneros de hoy pueden vivir más tiempo y con más salud, pudiendo predicar durante años más allá de los previstos por nuestros nobles predecesores.

Puntos para reflexionar

- Considera que los primeros misioneros no tenían un permiso anticipado; debido a la muerte o a la prolongación de los viajes, pocos llegaban a casa para ver a sus familias. Esta perspectiva de futuro hizo que muchos padres temieran que sus hijos quisieran ser misioneros. Ese mismo temor, aunque ahora en su mayoría infundado, sigue existiendo en muchas familias.

- ¿Se imaginan la firme convicción y el celo que llevaría a hombres y mujeres de aquella época a ser misioneros?

- Incluso hoy, los que sirven como misioneros dejan continuamente lo que conocen por lo que no conocen. Merecen sus oraciones, respeto y apoyo, ya sean misioneros extranjeros o nacionales.

Hay una diferencia entre una carga y una llamada

En 1967, a la edad de 11 años, sentí una llamada a las misiones. Un año después, ese sentimiento se dirigió hacia el cerrado país de Rusia. A los quince años, ya había memorizado las principales ciudades, los ríos, las carreteras y el alfabeto de Rusia. Llevaba un mapa de Rusia en mi bolsa de lápices a la escuela todos los días para estudiarlo. A los diecisiete años, escribí al hermano Andrew, autor del libro *God's Smuggler*, ofreciéndome para trabajar para él. Aceptó mi petición, pero me dijo que primero debía ir a un instituto bíblico.

Obedientemente, detuve mi proceso de aplicación a una universidad en Moscú y me inscribí en el Colegio Hyles-Anderson para prepararme espiritualmente para la vida en Rusia. Desde entonces, he viajado alrededor del mundo más veces de las que puedo recordar y he estado en más de 50 países, pero nunca he estado en Rusia. ¿Abandoné el llamado de Dios? En absoluto. Dios estaba usando el país de Rusia para enseñarme la diferencia entre una *carga* temporal y un *llamado* de por vida.

Cuando era adolescente, mi madre leyó sobre John y Betty Stam y quiso ser misionera en China. Ella quería emular su auto sacrificio y ayudar al pueblo de China incluso antes de haber aceptado a Cristo. Después de recibir a Cristo a finales de los veinte años, mi padre también quería ser misionero, pero sentía que le faltaba la fe. Sin embargo, se ordenó como pastor a la edad de 71 años y viajó conmigo a varios campos extranjeros. Incluso en su lecho de muerte, cuando consideré la posibilidad de abandonar un viaje programado a la India, insistió en que siguiera a Dios. Dijo que se avergonzaría si él fuera la causa de que yo fallara a Dios. Nuestro bondadoso Señor me permitió ir y regresar antes de que él falleciera. ¿Mis padres le fallaron a Dios? No, en absoluto. Amaban tanto a Dios que querían darle el mayor regalo que podían: *ellos mismos*. Creían que el mejor servicio es el de ser misionero. Tal vez tú también lo sientas así. Sin embargo, al no ser misioneros, hicieron lo que Dios quería que hicieran en lugar de lo que querían hacer por Él. Criaron a cuatro hijos; tres son misioneros y el otro apoya las misiones. Más de la mitad de sus nietos son misioneros, y sin duda las generaciones que están por nacer también lo serán. No, no fracasaron; ¡triunfaron!

Cada uno de nosotros debe discernir la diferencia entre una carga y una vocación. No te critiques por no hacer lo que Dios nunca quiso que hicieras.

Puntos para reflexionar

- Una *carga* es "una motivación temporal a menudo interrumpida por otras cargas". La personalidad, la exposición y los intereses afectan a tus cargas. Un *llamado* es "un mandato en tu vida que no tiene nada que ver con la motivación o la exposición". Dios te llama a ser misionero; tú no te llamas a ti mismo. Él te da una carga para ir a un lugar específico donde puedes alcanzar a personas específicas. Luego cumples tu llamado recibiendo nuevas cargas para nuevos pueblos.

- Si te preguntas si Dios quiere que seas un misionero, relájate. No lo quiere. Si lo quisiera, no te lo preguntarías.

- Muchos "misioneros" no llegan al campo o no permanecen en él porque Dios no los *llamó*; se ofrecieron como voluntarios por una *carga*. Dios los bendiga por tener el deseo de hacer lo mejor que puedan para Él. Sin embargo, es mejor quedarse en casa y hacer lo que Él creó para hacer. Ese es el verdadero éxito.

Dios te ha llamado ¿Dónde?

Uno de los conceptos erróneos más comunes en las misiones es que Dios te llama a un lugar. Sé lo que estás pensando: *¿qué pasa con la llamada de Pablo a Macedonia?* ¿Qué pasa con eso? En su visión, Pablo no vio un mapa de Macedonia; vio a un hombre de Macedonia. Ese hombre estaba declarando que la gente - no el lugar- necesitaba ayuda espiritual. No se evangeliza un lugar; se evangeliza un pueblo.

A menudo he escuchado a hombres decir que se sienten llamados a alcanzar a los judíos, pero no siguen ese llamado porque Israel no permite misioneros. No se paran a pensar que los judíos no viven únicamente en Israel. Hay más judíos que viven en Estados Unidos que en Israel. Y hay más judíos que viven en Brooklyn, Nueva York, que en Jerusalén. En Italia viven 45.000 judíos. Unos 20.000 viven en Rumanía. En Argentina viven 230.000 judíos. Incluso Irán tiene 12.000 "restos" del cautiverio de Nabucodonosor y de la actualidad. Macedonia todavía tiene 360 judíos que necesitan ser evangelizados. En realidad, más de 20 millones de judíos viven en más de 100 países.

Si Dios en verdad te llamó a la tierra de Israel, cuyos límites geográficos cambian continuamente, tendrás que ir como un hacedor de tiendas (un hombre de negocios). Sin embargo, si Él te llamó para alcanzar al pueblo judío, puedes girar el globo e ir a más de la mitad de los países del mundo para alcanzarlos. Incluso Bahrein, en la Península Arábiga, tiene 36. ¡Hablando de buscar la oveja perdida!

La India también está cerrada a los misioneros, pero más de un millón de indios viven en Sudáfrica, Inglaterra y Canadá, y más de 3 millones residen en Estados Unidos. De hecho, 29 países tienen poblaciones indias de más de 120.000 personas. Probablemente decenas de ellos vivan a menos de treinta kilómetros de tu casa, y hablan inglés. ¿A qué esperas?

¿Te sientes convocado a México? Más de 36 millones de mexicanos totales o parciales viven en Estados Unidos. ¿Por qué no probar su llamado usando un traductor o aprendiendo el idioma y comenzando una iglesia latina aquí antes de mudarse allá? Después de todo, si no puedes hacerlo aquí, ¿por qué crees que puedes hacerlo allá?

Por supuesto, Dios puede llamarte a un lugar si quiere. Él es Dios y no está atado a nuestro entendimiento, pero la mayoría de las veces, cuando Dios llama, nos llama a un pueblo. Tu carga para alcanzar a esas personas no debe limitarse a donde crees que están, sino a cualquier lugar y a todos los lugares donde se encuentren. Pueden estar a la vuelta de la esquina. Ve.

Puntos para reflexionar

- ¿Por qué crees que los misioneros tienden a decir que son llamados a un lugar en lugar de a un pueblo? (La única respuesta que conozco es la tradición, que es como nos han enseñado).

- ¿Hay algún ejemplo de misionero en la Biblia que se haya limitado a un pueblo?

- Si la Escritura no lo sugiere, ¿por qué lo exigimos?

Misioneros que se trasladan

Nada puede hacer que un misionero pierda su apoyo más rápido que mudarse a otro campo. Algunos dicen que no debe haber conocido la voluntad de Dios, sin embargo, muchos hombres piadosos pastorearán media docena de iglesias en su vida y lo harán porque sintieron que Dios los guió a cada una de ellas. Entonces, ¿por qué el doble estándar?

Porque franca y bíblicamente, no sabemos mucho sobre las misiones. Aquí hay una simple pregunta para ti: ¿dónde encuentras un misionero en el Nuevo Testamento que haya permanecido en un solo lugar toda su vida? La respuesta es: ¡en ninguna parte! Puedes encontrar algunos hombres entrenados por Pablo que fueron sedentarios en su ubicación, como Tito que vivió en Creta, pero eran pastores-no misioneros. Y su tarea no era a una ciudad sino a toda una isla de pueblos. El hecho de que un misionero te haya formado no significa que Dios no pueda llamarte a ser pastor.

Según el ejemplo bíblico, si no te mueves de un lugar a otro, buscando comunidades que aún no han escuchado el evangelio, convirtiéndolas, reuniéndolas, entrenando o encontrándoles un pastor para que puedas pasar a la siguiente comunidad no alcanzada, no eres un misionero. Puedes estar haciendo un gran trabajo como pastor, maestro, diácono o ministro, pero tu clasificación laboral, al menos desde una perspectiva bíblica, no es la de un misionero.

Nos hemos desviado del propósito para el que Dios designó a los misioneros. Ese propósito no es pastorear iglesias en comunidades que conocen a Cristo, sino plantar iglesias en lugares que no lo conocen. Como resultado, algunos hombres pasan su vida sin ninguna urgencia por expandir o solidificar su congregación. Después de todo, él no depende de su diezmo, sino de las iglesias que están en Estados Unidos y que le proporcionan su apoyo.

No estoy diciendo que un misionero tenga que trasladarse de un país a otro; podría vivir en una ciudad y aun así plantar iglesias en cientos de pueblos y aldeas por toda la región. Lo que digo es que el hecho de que un misionero se traslade a un nuevo campo no es señal de que no conozca la voluntad de Dios; es una proclamación de que es plenamente consciente y obediente a la voluntad de Dios. En todo caso, cuestiona al misionero que nunca se mueve, nunca planta iglesias y depende de su apoyo de Estados Unidos durante décadas.

Puntos para reflexionar

- ¿Hay algún ejemplo de misionero en la Biblia que se haya limitado a un solo lugar?

- Si la Escritura no lo sugiere, ¿por qué lo exigimos?

- ¿Por qué debería un misionero limitarse a una congregación en una tierra cuando nuestro Señor nos dijo que fuéramos a todo el mundo?

- ¿A cuántos lugares diferentes fue Pablo? La Biblia menciona 44 que conocemos. Pablo da a entender que fueron muchos más, y la tradición nos dice que incluso fue a Hungría, España e Inglaterra.

Practicar el ministerio antes de ir al campo

Para ser un misionero realmente exitoso, ¿es necesario tener un título en misiones? Piensa en los que consideras los cinco mejores misioneros de todos los tiempos. Si eres un estudiante del Nuevo Testamento y de la historia, tu lista puede incluir a Pablo, Bernabé, Silas, Hudson Taylor, William Carey, David Brainard, C. T. Studd, David Livingstone, Adoniram Judson, James O'Fraser y Henry Martyn. Probablemente todos estos hombres asistieron al seminario, pero es poco probable que alguno de ellos tomara cursos de Misiones. Teología y Hermenéutica, sí, pero probablemente no cursos de misiones. Entonces, ¿cómo pudieron ser considerados exitosos si no tenían una base académica en misiones?

La respuesta es profundamente simple. Puedes aprender sobre misiones en un aula, pero solo aprenderás cómo hacer misiones en el campo, haciéndolo realmente. También puedes aprender sobre aviación, mecánica de automóviles o soldadura en un aula, pero nunca te contratarán sin experiencia. Por eso en la mayoría de las profesiones hay aprendizajes. La próxima vez que tengas que operarte, piensa en lo siguiente: ¿quieres un cirujano con mucha formación o uno con formación y años de experiencia?

Durante los últimos cincuenta años en las misiones, los estadounidenses se han desviado de la filosofía de "obtener primero una formación". Nuestros misioneros van directamente al campo sin ningún tipo de aprendizaje real. Afortunadamente, ser un pastor todavía requiere tener algo de experiencia práctica. Imagínate que tu pastor no tuviera experiencia como pastor antes de aceptar el trabajo. Es por eso que la mayoría de los pastores comienzan como asistentes o pastores de jóvenes. El título debería venir solo después de la educación y el aprendizaje.

Pero en las misiones, no. Enviamos a familias jóvenes sin experiencia a una tierra extraña y esperamos que sobrevivan y prosperen. No es de extrañar que casi la mitad de los misioneros abandonen en sus tres primeros años. Pero si la culpa no es de ellos, al menos lo intentaron. La culpa es de las iglesias de envío que enviaron a un novato a hacer lo que un veterano se esforzaría por lograr. Hay una razón por la que todos los entrenadores insisten en que no puedes jugar en el partido si no vienes a los entrenamientos.

Puntos para reflexionar

- Si entendiéramos lo que son las misiones, comprenderíamos por qué una familia necesita ser aprendiz antes de ser nombrada.

- Los médicos, los planificadores financieros, los fontaneros, los entrenadores, los mecánicos, los profesores, los pilotos, los electricistas, los controladores aéreos, los ingenieros ferroviarios e incluso los conductores de Uber pasan por prácticas o aprendizajes. Entonces, ¿por qué buscamos experiencia en todos los campos excepto en las misiones? ¿Es eso una gestión y administración adecuada de la obra de Dios?

- Es mejor ser entrenado en el salón de clases y probado en el campo antes de ser titulado con una posición.

Educación + Experiencia = Misionero

Epílogo

Espero que hayan disfrutado de la lectura de mis reflexiones sobre las misiones. Se han desarrollado a lo largo de más de tres décadas de experiencia. En esos años, he visto a muchos cientos de iglesias y miles de creyentes ampliar su visión y cambiar sus opiniones de los métodos tradicionales de las misiones al ejemplo bíblico.

Otros aún no han sido instruidos en lo que han leído. Son buenas personas con un sincero deseo de ver el mundo alcanzado. Miran los métodos tradicionales y creen que hemos hecho un buen trabajo cumpliendo la Gran Comisión. Si las luces se encienden cuando acciono el interruptor, siento que el electricista también ha hecho un buen trabajo. Pero no tengo ni idea de cuáles son los códigos y si los ha seguido. Algún día mi casa podría arder, pero mientras tanto, las luces funcionan bien.

No hay ninguna razón lógica para sospechar que Dios nos asigne una tarea sin decirnos cómo hacerla. Si nos desviamos de sus instrucciones, es probable que la casa se queme. Si las obedecemos, pondremos el mundo patas arriba en cada generación.

Confío en que mis pensamientos iluminen un camino para que los jóvenes misioneros sigan, los misioneros mayores se adapten y las iglesias comprendan lo grande que es la tarea que tenemos por delante, pero lo fácil que es llevarla a cabo siguiendo Sus instrucciones.

En todo momento estoy dispuesto a hablar con los misioneros que tengan preguntas y con las iglesias que quieran más instrucción. Yo existo para cumplir Su Gran Comisión y siento que podemos hacerlo mejor apoyando a los misioneros nacionales (plantadores de iglesias) que ya están en el campo y que tienen experiencia y están calificados. Si quieres unirte a mí para apoyarlos con lo que puedas, por favor visita nuestro sitio web en *www.FinalFrontiers.world*

El Fondo de la Gran Comisión de Final Frontiers -
Cómo puedes tener resultados responsables con tus donaciones a las misiones

¿Quieres saber cómo se utiliza lo que das? Final Frontiers tiene una variedad de ministerios entre los que puedes elegir que son fenomenales.

- Smugglers imprime y distribuye Biblias en todo el mundo islámico.
- Touch a Life patrocina orfanatos, hogares de niños y centros de alimentación a los que puedes ayudar por cualquier cantidad, o puedes patrocinar a un niño directamente por 35 dólares mensuales.
- También tenemos ministerios para los ancianos, las viudas, los leprosos, los encarcelados, los institutos bíblicos, la radio, la televisión, las biblias en audio, etc., para ayudar a alcanzar a los que nunca han oído hablar de Jesús.

Nuestro ministerio principal apoya a los plantadores de iglesias nacionales, ayudándoles a hacer mejor lo que ya estaban haciendo cuando los conocimos. Apoyamos solo a hombres con experiencia, no a novatos.

Puedes apoyar a un hombre de este tipo por 50 dólares mensuales y recibir informes trimestrales de él para ti. O puedes dar cualquier cantidad, en cualquier frecuencia, para asociarte con nuestros más de 28.000 predicadores apoyando el **Fondo de la Gran Comisión**. Y recibirás fotos de cuerpo entero con imágenes casi todos los meses.

Para nosotros, la responsabilidad lo es todo. ¿Tienes preguntas?
Ponte en contacto con nosotros.
Info@finalfrontiers.org

Acerca del autor

Jon Nelms es el fundador de la Fundación Final Frontiers y de los Centros de Rescate Infantil Touch a Life. A los once años, fue convocado por Dios para ser misionero, y a los treinta, en el último día de 1986, fue apartado para esa tarea por su iglesia. Desde los dieciocho años, Jon ha servido en varias capacidades pastorales, comenzando como pastor de jóvenes en su iglesia natal para el Dr. Curtis Hutson. Asimismo, trabajó en grandes ministerios juveniles y ayudó a plantar iglesias en Nueva York, California, Tailandia, India, Honduras y muchos otros países.

En un viaje a Tailandia en septiembre de 1986, se convenció de que la mejor manera de alcanzar a cualquier pueblo en cualquier tierra era a través del testimonio y el trabajo de su propia gente siempre que fuera posible, en lugar de los esfuerzos de los misioneros extranjeros que tienen que luchar con el idioma, la cultura y las costumbres. Basándose en el libro de los Hechos y en la política de Pablo, dedicó su vida a apoyar a los plantadores de iglesias nacionales. En el momento de escribir este artículo, los más de 28.000 plantadores de iglesias de la red de Final Frontiers han iniciado más de 391.000 iglesias en casa y han llevado a más de catorce millones de almas a Cristo.

Jon, a la edad de 65 años, continúa viajando por el mundo, encontrando y examinando a más hombres para apoyarlos, enseñando misiones en institutos y colegios bíblicos a nivel mundial y en iglesias americanas, canadienses y europeas.

Jon está casado con Nolin, hondureña de nacimiento, y tiene dos hijos, Daniel y Sara, que, con sus cónyuges, administran ahora los ministerios que Jon inició. También ha sido bendecido con seis nietos.

Otros libros de Jon Nelms

Disponible en Amazon.com

La Gran Omisión

En su libro, La Gran Omisión, el misionero Jon Nelms "dice las cosas como son" al exponer los fracasos en las misiones y las razones detrás de ellos mientras conduce al lector a soluciones lógicas, bíblicas y probadas, que, de ser seguidas, permitirán que esta sea la primera generación en cumplir la Gran Comisión del Señor desde que fue asignada hace unos 2.000 años. Con historias personales recogidas en sus 24 años de trabajo misionero en todo el mundo, Jon te conmoverá, te motivará y puede que incluso te moleste. Al hacerlo, desafiará tus concepciones y te llevará a considerar los planes y métodos de Dios que han sido dejados de lado para perpetuar los métodos infructuosos y antibíblicos que han perjudicado a los misioneros durante siglos. No es probable que puedas pasar el prefacio sin que tu concepto de las misiones sea desafiado y cambiado.

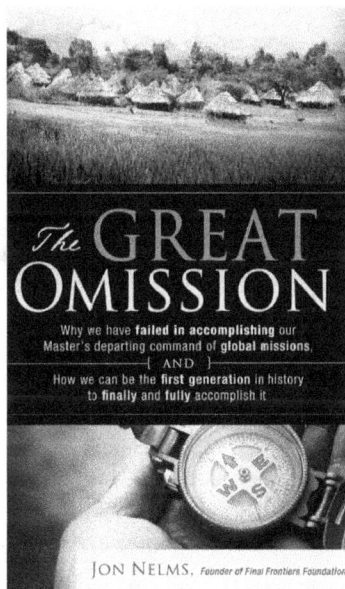

Enigmas de la Gran Comisión

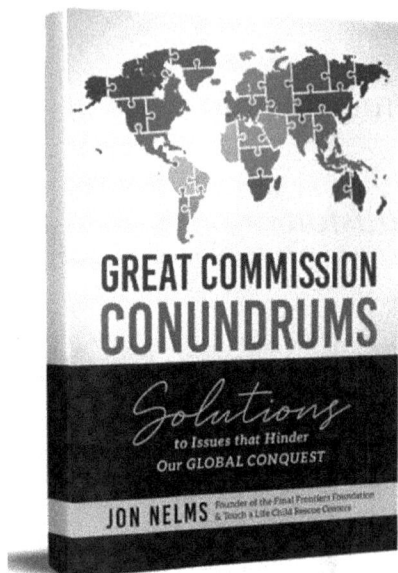

Después de 24 años de experiencia misionera, Jon escribió su primer libro titulado *La Gran Omisión*. Su intención era despertar a las iglesias, los pastores y los misioneros a la verdad bíblica olvidada de lo que se supone que debe ser un misionero: un sembrador de iglesias y un discipulador de pastores.

En las últimas décadas, las denominaciones han redefinido a un misionero como un trabajador social, un profesional médico, un profesor universitario o un pastor en una tierra extranjera. Esta redefinición gradual del término *misionero* es el resultado de décadas de negligencia en la proclamación del propósito bíblico y la práctica de un misionero como un plantador de iglesias. Así, en muchas de nuestras denominaciones, más hombres sirvieron como misioneros en su país de origen que en todo el mundo. Las enseñanzas de Jon sobre la función bíblica de un misionero han reconfigurado el concepto de las misiones para los pastores y misioneros en toda América y en todo el mundo, lo que ha dado lugar a un renacimiento del celo misionero en muchos hombres, y a la creación de miles de nuevas iglesias.

Durante los siguientes diez años, mientras consultaba y equipaba a los hombres en sus ministerios, Jon se enfrentó a muchos enigmas con respecto a las misiones y se sentó a tratar algunos de ellos en este libro, *Enigmas de la Gran Comisión*. Sin duda, un vistazo al índice mostrará que Jon tiene respuestas tanto bíblicas como lógicas a muchas preguntas que te han desconcertado. Los enigmas presentados y resueltos en este libro ayudarán al lector a entender la razón del éxito de Jon.

The Progress Report

Los artículos sobre misiones, misioneros, predicadores nacionales, métodos, políticas, biografías, etc., se pueden encontrar en los archivos de *The Progress Report* en el sitio web de Final Frontiers.

The Progress Report es una revista trimestral de la Fundación Final Frontiers disponible gratuitamente por correo o Internet.

www.ingramcontent.com/pod-product-compliance
Lightning Source LLC
Chambersburg PA
CBHW070805100426
42742CB00012B/2261